La fatigue des élites

Dans la même collection

François Dupuy

La fatigue des élites

Le capitalisme et ses cadres

LA RÉPUBLIQUE DES IDÉES   Seuil

Collection dirigée par
Pierre Rosanvallon
et Thierry Pech

ISBN 978-2-02-079584-5

www.seuil.com
www.repid.com

Introduction

Les cadres passent pour les « compétitifs » de l'économie moderne, ceux à qui le capitalisme semble promettre l'accomplissement, la réalisation de soi et le bonheur personnel. Pourtant, ces hommes et ces femmes dont l'entreprise attend dévouement, allégeance et solidarité, donnent aujourd'hui le sentiment de ne plus y croire.

Depuis plus de dix ans, l'auteur de ces pages a enseigné dans les *business schools* européennes et nord-américaines à quelque 30 000 cadres de tous pays, de tous secteurs et de tous niveaux[1]. Les leçons de ce périple sont sans appel : les cadres vivent de plus en plus difficilement leurs situations quotidiennes au travail, ne s'identifient plus aussi facilement au destin de leur firme, cherchent à se dérober aux pressions croissantes de leur environnement, voire adhèrent aux critiques les plus frontales du nouvel ordre éco-

---

1. Par « cadres », nous n'entendons pas seulement la catégorie socioprofessionnelle du même nom, telle que définie par l'Insee, agrégat statistique qui n'a que peu d'équivalent à l'étranger. Nous prenons la notion dans un sens plus « organisationnel » et par là même plus universalisable : il s'agit certes de ceux qui bénéficient de ce statut même lorsqu'ils n'encadrent personne, mais surtout des individus à qui est confiée, au moins en théorie, une mission d'encadrement, et qui occupent une position intermédiaire entre la direction de l'entreprise et l'ensemble de ses salariés.

nomique qu'ils ont vu se mettre en place dans les années 1990 et dont le client et l'actionnaire tiennent le haut bout. Bref, ils commencent à « jouer contre », eux dont on croyait jusque-là qu'ils joueraient toujours « avec ».

Tant et si bien que le spectre d'une « révolte des cadres », hier encore inimaginable, entre peu à peu dans l'ordre du pensable. Certes pas dans les formes traditionnelles du mouvement ouvrier, mais sur un mode plus individualiste : stratégies de fuite et de désinvestissement, multiplication des comportements de résistance passive et active, bricolages en tous genres destinés à recréer localement les conditions d'un minimum de confort personnel au travail. On se prend à imaginer que le désordre social ne surgisse pas à l'avenir d'une mobilisation des « petits » contre le capitalisme, mais de ses propres gardiens et messagers. La maladie à laquelle l'entreprise devrait alors faire face se développerait au cœur même de ses élites. Ce scénario relève encore de la science-fiction sociologique, mais un faisceau d'indices récurrents suggère que nous pourrions en prendre le chemin.

L'idée du « malaise des cadres » n'a, en soi, rien de très nouveau. L'expression est apparue au moment précis où les cadres obtenaient leur reconnaissance bureaucratique par la création d'une caisse de retraite spécifique : c'est en 1947 qu'elle est utilisée pour la première fois, au moins dans la presse professionnelle[2], en même temps qu'est créée l'Agirc (Association générale des institutions de retraite des cadres). Cette coïncidence souligne un fait simple : il y a chez les cadres un « mal-être » quasi inhérent à leur existence et à leur position dans les organisations. Celle-ci est en effet caractérisée par une ambiguïté congénitale : à la fois salariés *comme les autres* et *différents des autres*, en ce qu'ils représentent les « propriétaires » et leurs intérêts, qu'ils sont justement en charge de faire respecter par ceux qu'ils « encadrent ». « L'exercice de l'autorité »

---

2. Dans *L'Écho de l'*USIC, bulletin de l'Union sociale des ingénieurs catholiques.

leur est d'ailleurs toujours apparu comme la composante la plus délicate de leur fonction. Dans une enquête inédite menée en 1974, 56 % d'entre eux trouvaient « l'exercice de l'autorité plus difficile qu'autrefois[3] ». À l'époque, ils liaient cette difficulté à un affaissement de la considération dont ils faisaient l'objet, à une « crise de société temporaire » ou encore à l'importance accordée aux organisations syndicales qu'ils accusaient de contester leur position d'intermédiaires obligés entre les directions et les salariés.

Cette notion de malaise est donc trop générale et récurrente pour rendre compte de ce qui a changé, ces trente dernières années, dans les *perceptions* et les *pratiques* des cadres. Les perceptions, car il s'agit de mesurer l'appréhension qu'ils ont ou n'ont pas de la détérioration de leur situation ; les pratiques, car il s'agit aussi de saisir les conséquences concrètes qu'ils en tirent en termes d'investissement dans le travail et d'attachement à l'entreprise.

L'enquête de 1974 permet pourtant d'anticiper quelques évolutions ultérieures. À la fin des Trente Glorieuses, le sentiment qui dominait chez les cadres était celui d'un optimisme raisonné. Ils avaient à la fois un métier intéressant et des responsabilités. Ils aspiraient à être toujours davantage partie prenante de la direction de leur entreprise. Ils témoignaient d'une grande confiance dans l'organisation pour laquelle ils travaillaient. Lorsqu'inquiétude il y avait, elle était rabattue sur des phénomènes très généraux, tels que « la crise de la civilisation industrielle ». Quant à l'avenir, il apparaissait souriant. Ils percevaient leur rôle comme s'étant détérioré « dans les dernières années », mais comme devant « changer positivement » dans les domaines les plus intimement liés à leur identité : ils étaient 77 % à s'imaginer « avec un métier plus intéressant dans 5 à 10 ans », 79 % à anticiper « une meilleure situation pécu-

---

3. Sous la direction scientifique de M. Crozier, F. Dupuy et D. Martin, *les Cadres et l'organisation. Étude de cas auprès d'un grand groupe industriel*, Paris, Association pour le développement des sciences sociales appliquées, 1974. Cette enquête fut menée auprès de 600 cadres répartis dans quatre pays européens. Nous en utiliserons ici de larges extraits.

niaire » et 71 % à se prédire « un meilleur statut ». En outre, ils faisaient confiance aux « méthodes modernes de management » et ne croyaient guère à l'efficacité ni aux vertus de l'action collective.

En d'autres termes, les facteurs de pessimisme étaient *apparemment exogènes* et faisaient écho à des stéréotypes généralisateurs qui traduisaient leur désarroi devant des évolutions encore naissantes, mais sans doute porteuses de troubles pour eux. Ils pensaient ainsi que les formes traditionnelles de l'autorité allaient se désintégrer, qu'il fallait s'attendre à une longue période de difficultés économiques, qu'une transformation politique et sociale était inévitable et qu'elle obligerait à modifier les structures de l'entreprise.

Rétrospectivement, cette juxtaposition d'attitudes traditionnellement conformistes et d'une vision pessimiste de l'évolution sociale générale laisse penser qu'ils avaient confusément l'intuition de ce qui se préparait et qu'ils cherchaient à en conjurer les signes annonciateurs. Comme toujours lorsqu'il s'agit d'exprimer un problème sans vouloir s'en afficher directement victime, le propos négatif était formulé en termes généraux, alors que s'exprimait un optimisme de bon ton en ce qui concernait l'évaluation de leur propre devenir. Mais cette rhétorique dissimulait un doute naissant qui, lorsqu'il se concrétiserait, irait bien au-delà d'un simple « malaise ». Chez ces cadres du milieu des années 1970, les changements dans le monde du travail et dans la société en général commençaient à heurter la confiance qu'ils avaient jadis placée dans la solidité des entreprises et la stabilité des rapports sociaux. Derrière les généralités contradictoires à travers lesquelles ils exprimaient leurs inquiétudes, se profilaient déjà les changements d'organisation qui viendraient bouleverser leurs conditions de travail et remettre en cause une situation somme toute privilégiée. Car ce sont bien ces changements d'organisation qui expliquent le désarroi actuel des cadres.

Pour le comprendre, il faut repartir des transformations qui ont affecté l'organisation du travail ces dernières décennies.

On convient volontiers aujourd'hui que le travail se détériore. Mais, au-delà des seules conditions *de* travail – l'ergonomie, la dangerosité, la pénibilité… –, ce sont les conditions *du* travail qui empirent. C'est-à-dire à la fois les protections traditionnelles acquises ou conquises par les salariés (celles que Robert Castel appelle les protections sociales[4]), et les relations qui unissent les hommes entre eux dans le travail, les situations d'autonomie ou de dépendance, les «confrontations» et la façon de les réguler. Or, contrairement aux apparences, le mouvement actuel de réduction des protections liées au travail ne concerne pas seulement les protections sociales : il s'attaque aussi en profondeur à celles que produisaient sans le dire les anciennes formes d'organisation.

En effet, les façons de travailler dans des univers segmentés, séquentiels, clairs, issus du taylorisme bureaucratique, apportaient à ceux qui en bénéficiaient de solides contre-feux à la pression de l'environnement, celle des collègues ou des clients. En parcellisant le travail, la logique taylorienne avait résolu le problème de la dépendance et de l'exposition directe aux autres, à leurs demandes, à leurs exigences, à leurs impatiences.

Il n'en va plus de même aujourd'hui. Les «autres» sont bel et bien de retour : le client, cette idole du management moderne, est une contrainte permanente pour les organisations et leurs membres ; et les collègues avec lesquels il faut désormais «faire équipe» et «coopérer», une source inépuisable de stress et de pression. C'est cette double confrontation que les organisations modernes imposent à leurs membres avec leurs «structures matricielles», leurs «fonctionnements en projets» ou leur impératif de coopération. Et ce sont les cadres, ce «salariat de confiance[5]», qui sont aux avant-postes de ce processus de «déprotection».

---

4. R. Castel, *l'Insécurité sociale. Qu'est-ce qu'être protégé ?*, Paris, La République des Idées/Le Seuil, 2003.

5. P. Bouffartigue, «Les métamorphoses d'un salariat de confiance», *Faire Savoirs*, n° 0, juin 2001.

Les cadres restent certes mieux protégés que les autres salariés face à la question endémique de l'emploi : leur taux de chômage est trois fois inférieur à la moyenne nationale. Cependant, même dans ce domaine, les chiffres montrent que leur « risque de perte d'emploi » augmente, et ce au même rythme que pour les ouvriers et les employés depuis le début des années 1990[6]. S'ils « rebondissent » mieux que d'autres, du fait de leur formation, les cadres font de moins en moins exception aux difficultés qui affectent l'ensemble du salariat. Cette évolution est encore plus nette dans d'autres domaines. Eu égard à leur situation générale dans les entreprises, à la façon dont ils sont traités – évalués, promus, déplacés, etc. –, à leur degré de proximité avec leur direction générale, leur situation et leur *identité* n'ont cessé de se rapprocher de celles des autres salariés. Bref, dans le temps même où ils se « massifiaient » (ils représentent près de 15 % de la population active aujourd'hui, contre 4,7 % en 1962 et 10,7 % en 1990[7]), les cadres se sont banalisés. Pire : si l'on excepte les questions du chômage et de la pénibilité physique pour se concentrer sur les autres formes de « souffrance » générées par le travail, ils semblent avoir « décroché ». Ces autres formes de souffrance ne renvoient pas seulement à la particulière sensibilité de ceux qui les endurent (un « problème de riches », diraient certains) : elles posent question aux organisations elles-mêmes qui voient peu à peu s'éloigner d'elles cette partie de la population qu'elles continuent par ailleurs à revendiquer comme essentielle.

Deux éléments se conjuguent pour aggraver cette situation. D'une part, l'individualisme traditionnel des cadres qui est quasi consubstantiel à leur existence. Ce qui les fait exister en tant que tels, c'est leur talent individuel, leur particularité, leur « valeur

---

6. Voir Éric Maurin, *l'Égalité des possibles*, Paris, La République des Idées/Le Seuil, 2002.

7. Selon le recensement, en volume, c'est une population qui a quasiment quadruplé en l'espace de quarante ans.

ajoutée personnelle». Cela justifie aujourd'hui encore le fait de tout miser sur l'action individuelle dès lors qu'il s'agit de gérer sa carrière ou plus généralement d'améliorer sa condition. C'est là une différence notable avec les autres salariés qui ont rapidement compris la dimension éminemment collective de leur condition. Dès lors, au moment où la *déprotection* les frappe de plein fouet, les cadres ne démontrent que peu de capacités à élaborer une réponse collective : ils acceptent *de facto* leur «vulnérabilité individuelle de masse[8]». Ce qui fut jusqu'ici leur trait distinctif se retourne contre eux.

D'autre part, les organisations ont profondément changé depuis le milieu des années 1970. Ce ne sont pas tant les structures qui se sont modifiées, que les façons quotidiennes de travailler qui s'imposent à leurs membres. Cette évolution doit se comprendre comme un renversement radical de la *finalité implicite de l'existence de l'entreprise* : jusqu'à la fin des Trente Glorieuses, il était admis, dans les modes de fonctionnement au jour le jour, que les entreprises travaillaient avant tout pour ceux qui y travaillaient ; clients et/ou actionnaires passaient après. Ce caractère *endogène* tenait à un contexte économique qui donnait le pouvoir à ceux qui produisaient ou fournissaient, et non à ceux qui achetaient. Les premiers pouvaient ainsi définir leurs modalités de travail en fonction de leurs besoins et de leurs contraintes propres, et non de leur environnement. Depuis trente ans, cette logique se renverse et les cadres qui en avaient été les principaux bénéficiaires se retrouvent parmi les premières victimes de la situation nouvelle.

Que s'est-il passé ? La mondialisation a eu pour effet d'inverser la relation de pouvoir entre les fournisseurs et leurs clients. Nous sommes passés d'une période où les produits (biens ou services) étaient rares, à une période où ce sont les clients qui le sont. Cette inversion de la rareté n'a pas seulement fait chuter les prix

---

8. A. Ehrenberg, «Peut-on parler d'une idéologie de la souffrance?», *Le Bulletin de l'ODC*, n° 9, décembre 2003.

et condamné ceux qui peinaient à s'adapter[9]. Elle s'est traduite par une véritable domination des clients et derrière eux des actionnaires, et par des demandes toujours croissantes en termes de qualité du produit fourni et de réduction des coûts.

Cette double « demande » n'a pu être satisfaite qu'en changeant profondément les façons de travailler, c'est-à-dire les organisations au sens le plus concret du terme. Car il est bien vite apparu que la segmentation séquentielle des organisations traditionnelles était génératrice de surcoûts et de faibles niveaux de qualité.

Mais dès lors qu'il s'agit de travailler autrement, de substituer la simultanéité au séquencement, le flou des structures à la clarté de la division du travail, la coopération immédiate à la transmission bureaucratique des dossiers, les protections liées aux formes antérieures de travail volent en éclats. Chacun devient responsable et comptable du tout au-delà de la partie dont il a la charge ; le client « remonte » dans l'organisation et, poussé par l'actionnaire, impose ses exigences de coût et de qualité à chaque niveau de la « chaîne de valeur ». L'exposition aux autres, à leurs logiques contradictoires, devient la règle pour tous. Alors que les dérives de coût et de qualité pouvaient jadis être externalisées vers un client qui était bien obligé de les accepter, elles sont à présent réinternalisées au prix d'une pression croissante qui brise définitivement les conforts antérieurs.

Les cadres se retrouvent surexposés à des tensions diverses et contradictoires qu'ils doivent à la fois subir et approuver, puisqu'ils sont, dans l'entreprise, ceux qui sont censés comprendre les impératifs du marché et à l'occasion les expliquer aux autres ! À leur autonomie antérieure, la vraie, celle que l'on se construit pour soi, se substitue une individualisation extrême de l'évaluation de la performance et des modes de rémunération, qui va parfois jusqu'à les « sortir » du salariat, c'est-à-dire la première des protec-

---

9. F. Dupuy, *le Client et le bureaucrate*, Paris, Dunod, 1998.

tions, celle liée à *l'affiliation*[10]. On perçoit l'ampleur du bouleversement pour une population qui, il n'y a pas si longtemps, se vivait comme la grande bénéficiaire de la modernité.

Cette situation engendre deux séries de conséquences. Celles-ci sont microsociales d'abord, dans les tentatives individuelles et dispersées des cadres pour se recréer des zones de paix individuelle, des espaces de non-dépendance et de non-confrontation. Les cadres utilisent pour cela toutes les contradictions des organisations modernes qui veulent à la fois évaluer chacun sur sa performance personnelle à court terme, et pousser tout le monde à coopérer. Nous verrons comment l'absence de cohérence entre les systèmes de gestion des ressources humaines et ce que l'on attend des cadres, leur ouvrent des zones de liberté dans lesquelles ils s'engouffrent à la première occasion. Aux grandes bureaucraties traditionnelles, ils substituent désormais des *bureaucraties locales et clandestines*, génératrices du minimum de confort nécessaire pour faire face à un environnement de plus en plus exigeant et hostile.

Les conséquences sont aussi macrosociales. La grande entreprise cesse à son tour d'être un lieu d'intégration. Comme la plupart des grandes institutions autour desquelles s'est structurée la vie sociale pendant des décennies, elle disparaît peu à peu du champ du possible pour qui cherche une collectivité protectrice et porteuse de repères. Non seulement on y utilise de plus en plus des mots et des slogans qui n'ont guère de sens concret pour ceux à qui ils sont destinés, mais encore on y offre de moins en moins de possibilités de se réaliser par le simple fruit d'un travail normal et équilibré. Voilà sans doute une évolution qui apporte sa pierre au rejet des « nouveaux entrants » vers des communautés de base différentes de celles qui se constituaient traditionnellement autour

---

10. R. Castel, *les Métamorphoses de la question sociale : une chronique du salariat*, Paris, Fayard, 1995.

du travail. C'est une nouveauté, et il n'est pas sûr qu'elle soit positive.

Peut-on entrevoir une issue à cette situation ? J'évoquerai quelques pistes à la fin de cet essai. Mais il faut être bien conscient que rien ne se fera tant que les dirigeants ne prendront pas plus de précautions et de recul par rapport aux rhétoriques et aux pratiques managériales ambiantes et inflationnistes. C'est à une véritable surenchère verbale et instrumentale que les cadres sont aujourd'hui confrontés. En la matière, l'aphorisme de Michel Crozier – « personne ne commande mais tout le monde obéit[11] » – n'a jamais été aussi vrai. Un tel retour à la réalité du possible, à la prise en compte de ce que sont les hommes dans leurs capacités à faire mais aussi à résister, bref de leur intelligence, ne se produit jamais spontanément. Il est le résultat d'une situation de crise, d'un changement plus ou moins brutal du contexte qui amène les acteurs (en l'occurrence, les dirigeants) à réviser leurs stratégies.

---

11. M. Crozier, *le Phénomène bureaucratique*, Paris, Le Seuil, 1964.

CHAPITRE I

La baisse tendancielle du taux de motivation [12]

La détérioration de la situation des cadres n'est ni un phénomène transitoire, ni une « illusion d'optique », ni un « problème de riches » qui viendrait simplement contrarier une catégorie privilégiée et destinée à le rester. Elle s'inscrit dans l'évolution profonde des organisations, elle-même conséquence de l'ouverture des marchés et donc de la mondialisation de l'économie. Partis à la fin de la Deuxième Guerre mondiale pour gouverner l'entreprise à parité avec le capital, les cadres se retrouvent les premières victimes de son triomphe. La « loi du marché » ne leur est finalement pas plus favorable qu'aux autres salariés [13].

Ces derniers ont des pratiques collectives, revendicatives ou protestataires qui leur permettent d'exprimer leur mécontentement. Rien de tel chez les cadres. L'individualisme y a précédé et accompagné l'individualisation, selon un mécanisme qui relève du « cercle vicieux ». Un accord tacite existait en effet entre les entre-

---

12. Nous empruntons ce titre à Éric Le Boucher, « Le capitalisme mourra-t-il d'une baisse tendancielle du taux de motivation ? », *Le Monde*, 16 et 17 janvier 2005.
13. Du point de vue des conditions du travail, certes, mais aussi en ce qui concerne le partage de la valeur ajoutée, dont toutes les études montrent qu'il a évolué en faveur du capital et au détriment du travail, au moins dans les trente dernières années. On voit que les deux phénomènes se recoupent dans le temps.

prises et leurs cadres pour que ces derniers soient gérés hors de toutes règles collectives, aux exceptions légales près. Dès lors, les institutions qui auraient pu naître de la nécessité d'édicter, d'adapter ou d'améliorer ces règles, n'avaient plus de raison d'être.

On peut comprendre que ces mécanismes n'aient pas préparé le terrain à une expression organisée des problèmes affrontés par les cadres et que ceux-ci soient restés pour une large part dans le non-dit. Chacun les a ressentis, mais personne n'en a fait état. Personne n'a voulu être celui « par qui le scandale arrive » : celui qui prend la responsabilité de dire clairement que « l'identité » des cadres s'est transformée et que, pour faire simple, leur condition est plus proche que jamais de celle de l'ensemble des salariés[14]. Et sans doute pire en ce qui concerne la pression directe subie dans le travail quotidien.

En y regardant de plus près, on constate que les jugements que portaient les cadres des années 1970, aussi bien sur l'intérêt de leur travail que sur leur sentiment de proximité vis-à-vis de la direction générale variaient selon le niveau hiérarchique auquel ils se trouvaient et surtout selon le type d'*organisation* dans laquelle ils travaillaient. Le premier aspect n'est pas surprenant : plus on descend dans la hiérarchie, moins le sentiment de se distinguer du reste du personnel est fort et moins l'identification à l'entreprise et à ses objectifs est prononcée. Simple effet mécanique de la distance par rapport aux lieux de prise de décision. En revanche, plus la mise en place de structures décentralisées et de ce qu'il est convenu d'appeler les « méthodes modernes de gestion » était avancée et plus se posait avec acuité ce même problème de coupure vis-à-vis des instances dirigeantes. De ce point de vue, et dès cette époque, deux modèles d'organisations s'opposaient.

Un premier type en était resté à des structures peu élaborées, très informelles, dans lesquelles le rôle « quasi charismatique »

---

14. Y compris en termes de revenus : l'écart entre le salaire des cadres et celui des ouvriers est passé de 1 à 4 dans les années 1970 à 2,5 aujourd'hui.

du *leader* incontesté avait une importance prépondérante. Cette forme d'organisation récompense la *performance sociale*, c'est-à-dire la capacité à se mouvoir dans des réseaux non institutionnalisés et à jouer sur la diffusion de l'information. Il en résulte une organisation peu bureaucratisée où la communication serait facile si l'information ne devenait, par suite de l'absence de circuits formels et de structures bien établies, un élément essentiel du pouvoir. Dans ces univers, chacun a sa chance pourvu qu'il ait compris les règles du jeu. C'est pourquoi le mécontentement vis-à-vis de l'organisation y était faible. Il ne concernait que ceux qui se sentaient les perdants d'un mode de fonctionnement dans lequel chacun trouvait un moyen d'accéder aux échelons supérieurs et où la responsabilité du résultat final était à peu près convenablement répartie entre le sommet qui décidait et la périphérie qui exécutait. Du point de vue des cadres, c'était un système « humain », qui permettait à chacun de mettre en valeur ses qualités et dans lequel surtout la relation aux autres était médiatisée par le « chef ». Les confrontations y étaient rarement directes et généraient de ce fait des tensions modérées. C'était donc un modèle classique, dans lequel le paternalisme remplaçait ce qui aurait pu être une vraie délégation de responsabilités, par des contacts interpersonnels aussi fréquents que discrets. Les cadres s'y sentaient très à l'aise.

Un deuxième modèle d'entreprises, qui, dès cette époque, préfigurait l'avenir, présentait des caractéristiques organisationnelles très différentes. Dictés par la nécessité économique, les efforts de décentralisation au niveau des branches, des divisions ou des services y étaient bien réels. Ils se traduisaient par une autonomie poussée aux différents niveaux, avec la fixation d'objectifs annuels. C'est sur ce modèle de fonctionnement que portaient le plus volontiers les critiques des cadres. Ils leur reprochaient pêle-mêle le cloisonnement des services, la distance avec le centre de décision et le fait qu'avec la responsabilisation des unités, les canaux traditionnels de communication, tant formels qu'informels, avaient été coupés, sans être remplacés par de nouvelles pratiques. Lorsque celles-ci existaient, c'était à travers des *procédures* d'une impersonnalité et d'une lenteur unanimement réprouvées. Enfin, disaient-ils, cette décentralisation leur enlevait la possibilité de resituer leur activité dans le cadre global de l'entreprise. Ils se vivaient comme entièrement tournés vers la réalisation d'objectifs spécifiques, coupés d'un environnement dans lequel ils pensaient puiser jusque-là une bonne partie de leur motivation. Si le mécontentement restait modéré et tempéré par l'espoir de jours meilleurs, il était bien réel et s'accroissait au fur et à mesure que les entreprises entraient dans la « modernité organisationnelle ». Même si, à aucun moment, les cadres ne formulaient le problème en des termes aussi directs et explicites, c'est bien cette variable qui s'imposait comme la plus explicative des différences d'évaluation de leur situation.

Cette brève rétrospective permet de retracer les trois phases de la relation des cadres à leur entreprise. Dans la première, celle de l'informel, ils ont pu faire leur, et avec délices, la « logique de l'entrepreneur » dans laquelle non seulement ils avaient tout leur rôle d'intermédiation mais où ils pouvaient aussi exprimer avec aisance leurs qualités personnelles en *minimisant le risque*, qui restait bon an mal an centralisé au niveau du « décideur unique ». À tout le moins était-il équitablement réparti, laissant aux plus dynamiques d'entre eux la possibilité de risquer davantage en échange d'une progression accélérée dans la hiérarchie.

Puis vint le temps dit de la « décentralisation » et de la « rationalisation de la gestion ». Le cadre s'est retrouvé seul face à une responsabilité qui était sienne, non diluable dans un collectif plus large que celui dont il avait la charge. Ce fut une phase de *pression directe* qui s'exerçait du haut vers le bas, par la voie hiérarchique, celle du « *reporting* direct ». Elle fut mal vécue, d'abord parce qu'elle marquait le début de la transformation de l'autonomie en individualisation, mais aussi parce qu'elle éloignait le cadre de cette relation directe et confiante avec « la direction » qui faisait par ailleurs sa spécificité. Elle le renvoyait peu à peu dans la cohorte du tout-venant des salariés et en fit progressivement, pour paraphraser Victor Hugo, « un Dieu déçu qui se souvient des cieux ».

C'est ce que confirme la troisième étape, celle de la victoire du client et de l'actionnaire – nous y reviendrons –, avec tout ce qu'elle implique de *confrontations multiples,* d'inconfort permanent et d'absence de protection.

Du malaise au désinvestissement

Trente ans plus tard, les réactions des cadres et de ceux qui les observent sont d'une tout autre nature. Non seulement l'espoir de voir leur situation s'améliorer n'existe plus, mais la rupture avec l'entreprise est consommée, ce qui met les cadres en situation de se définir une nouvelle identité, sauf à admettre une fois pour toutes qu'à l'exception de la frange supérieure de leur catégorie, ils sont définitivement rentrés dans le rang.

C'est là sans doute l'aspect le plus remarquable de leur situation en ce début de siècle. On ne débat plus de leur « malaise », mais bien de leur existence en tant que catégorie spécifique ; eux-mêmes en ont pris acte et en tirent toutes les conséquences, moins par une plus grande disponibilité pour l'action collective que par *le retrait individuel du travail.* La conjoncture politique, à travers les lois qui ont institué puis modifié « les 35 heures », leur a donné un espace à la fois concret et hautement symbolique pour exprimer leur désengagement.

À un tout premier niveau, la lecture de la presse[15] sur une période suffisamment longue est révélatrice du changement de ton du débat. On n'y parle plus de « malaise », mais de « frustration »,

---

15. Voir C. Daumas et S. Platat, « Les frustrés », *Libération,* 6 septembre 2004 ; « Jeunes cadres et DRH : le dialogue de sourds », *Le Journal du management,* janvier 2004 ; « Les cadres prennent du recul », *Le Journal du management,* novembre 2000 ; « Emploi : les entreprises marchent sur la tête », *Libération,* Cahier « Emploi », 25 janvier 1999.

de « dialogue de sourds », de « prise de recul » autant de considérations qui sont l'expression au jour le jour de la rupture profonde du *deal* entre les cadres et leurs entreprises. Cette rupture, la plupart des auteurs la font remonter aux années 1993-1994[16], années noires pour l'économie mondiale, mais dont les cadres ont été les premiers à subir les conséquences, sur leur emploi en particulier. Pour la première fois, cette protection, qui était l'une des trois composantes de « l'offre de travail » faite aux cadres par les organisations traditionnelles, n'a pas fonctionné. Du point de vue de leur relation à leur « boîte », comme ils disent, c'est un pan de la confiance réciproque qui s'est écroulé. Surtout, dans la mesure où les « protections organisationnelles » sont moins immédiatement appréhendables, plus diffuses et implicites, l'inscription des cadres dans le lot commun de l'emploi n'en prend que plus de force et de valeur symbolique[17]. Faire peser sur eux cette menace n'est sans doute pas le plus important du point de vue de la gestion de leur avenir, mais ça l'est sans nul doute du point de vue de la représentation qu'ils pouvaient avoir de leur lien avec l'entreprise. Comme l'a noté Robert Castel, pour les cadres pas plus que pour les autres salariés le travail n'a pas perdu son *importance,* mais il a perdu sa *consistance*[18]. Or, dans la mesure où ils définissaient leur identité à partir de la spécificité de leur place et de leur rôle dans le travail et son organisation, cette identité s'en est trouvée *de facto* profondément remise en question.

---

16. J. Laufer, coéditrice, sous la dir. de P. Bouffartigue, en collaboration avec A. Grelon, Y. F Livian, *Cadres, la grande rupture*, Paris, La Découverte, 2001. Et P. Bouffartigue et J. Bouteiller, « Le temps de travail des cadres est-il contrôlable et négociable ? », Séminaire international « La négociation collective dans la construction de la norme sociale de l'emploi », Réseau emploi, travail, relations professionnelles et société, Document de travail, LEST-CNRS, octobre 1999.

17. Sur la période 1983-1985, 2,2 % des cadres et 5 % des ouvriers en poste en début d'année étaient au chômage au début de l'année suivante. Sur la période 1998-2000, ils étaient respectivement 3,1 % et 6,5 %. Les évolutions sont donc très similaires. Voir Éric Maurin, *l'Égalité des possibles*, *op. cit.*

18. R. Castel, *l'Insécurité sociale*, *op. cit.*

Quelles sont les composantes de cette identité ? Pour simplifier, on peut partir de la définition qu'en donnent les organisations syndicales de cadres elles-mêmes[19], dans la mesure où elle recoupe largement ce qu'observent les analystes moins « partisans ». Quatre dimensions fondent cette identité : la proximité aux instances dirigeantes, l'investissement dans l'entreprise, le statut et la réserve traditionnelle face à l'action collective

La première se rapporte à la fonction même de cadre et à la relation qu'elle implique avec les instances dirigeantes. Tout naturellement, poursuivant une évolution déjà évoquée, le contenu d'*intermédiation* de cette fonction, le rôle d'*encadrant* qui est à l'origine du mot « cadre » lui-même, tendent à s'estomper au profit d'une activité à la fois spécialisée et individualisée. Être cadre ne définit plus une place spécifique dans les rouages intégrateurs de l'entreprise, dans une chaîne de commandement (ce rôle de « tampon », à la fois inconfortable et valorisant), mais une responsabilité spécifique sur laquelle le cadre est évalué et jugé. Ils sont la moitié à l'avoir bien compris[20]. Cette évolution n'est pas anodine. Elle renvoie à la dynamique de changement des organisations.

Ces changements non seulement spécialisent et « responsabilisent » les cadres, ce qui vaut condamnation dans un monde où les technologies *donc les exigences* évoluent si rapidement, mais encore leur demandent de ne pas être des « spécialistes spécialisés ». On entend par là des spécialistes qui ne font que leur travail de spécialistes, au motif qu'ils sont spécialistes ! En d'autres termes, on demande aux cadres d'élargir leur champ de compétences non pas *vers le haut,* en apprenant de nouveaux métiers exigeant éventuellement des qualifications supérieures, mais *vers le bas,* en effectuant tous types de travaux. De ce point de vue, le « premier âge des 35 heures » les a frappés de plein fouet dans cet aspect de

---

19. Nous allons utiliser ici en particulier les travaux du Comité national de l'Ucc-Cfdt des 15 et 16 octobre 1999, consacrés à « La Rtt, une opportunité pour la syndicalisation des cadres ».
20. Sondage Sofres-*L'Usine nouvelle* de septembre 1999.

« taillables et corvéables à merci ». Pour reprendre l'expression d'Henri Vacquin, « le travailler mieux y a moins gagné que le travailler plus vite[21] ». Ceci a sans doute été vrai pour les cadres encore plus que pour tout autre salarié, à tel point qu'on a pu observer que « contrairement aux pronostics [...] on n'assiste pas à une extension générale du temps des loisirs mais à un déplacement de la charge de travail vers les catégories les plus qualifiées[22] ». Ce phénomène n'est pas spécifiquement français : ainsi dans telle compagnie aérienne américaine, régulièrement citée en exemple pour l'excellence de son « orientation client », on demandera au pilote – spécialiste s'il en est – de participer à l'enregistrement s'il se trouve le premier dans la salle d'attente.

L'effet de cette transformation est de rompre le lien, même ténu ou fantasmé, entre le fait d'être cadre *et* le fait de participer de près ou de loin à la direction de l'entreprise et/ou à l'élaboration de sa stratégie – qui sont et demeurent les deux tâches nobles et distinctives du management[23]. L'un et l'autre n'ont plus grandchose à voir. Il n'est pas surprenant qu'enquête après enquête, les cadres expriment cet éloignement vis-à-vis de leur fonction et de leur raison d'être initiales. Ils ne se considèrent pas comme associés aux décisions de la direction ; ils ne savent pas où va leur entreprise ni quels sont ses objectifs pour l'avenir. Or, s'ils l'ignorent, comment pourraient-ils l'expliquer aux autres ?

Dès lors, ils *prennent leurs distances* : 43 % d'entre eux estiment que la stratégie de l'entreprise est plus favorable aux action-

---

21. H. Vacquin, « Emplois à vendre », *Libération*, 8 juillet 2003.

22. A. Chenu, N. Herpin, « Une pause dans la marche vers la civilisation des loisirs », *Économie et statistique*, n° 352-353, 2002. Cité par D. Meda, « Manquons-nous de temps ? », *Interventions économiques*, n° 31, juin 2003.

23. Les cadres ont à ce point pris acte de cette situation que la « participation aux choix stratégiques de l'entreprise » ne vient qu'au dernier rang de leurs préoccupations professionnelles et ne concerne que 6 % d'entre eux, contre 28 % pour le niveau de rémunération par exemple. Source : CFE-CGC, *le Baromètre des cadres*, Sondage Opinion Way, décembre 2004.

naires qu'aux salariés et ils sont une majorité à s'en plaindre[24]. De façon tout à fait cohérente, cette « inflexion de leur appartenance » est particulièrement perceptible dans le secteur privé, chez les cadres « experts », sans responsabilités directes d'encadrement, et chez ceux qui travaillent dans de grandes entreprises. Il n'est pas surprenant que les cadres du secteur public vivent les choses différemment. La notion d'association à la décision ou à la détermination de la stratégie ne peut y être présente de la même façon ni avec la même intensité, du moins pour le moment. Ce sont des domaines qui relèvent soit de la sphère politique, soit de mécanismes bureaucratiques prévisibles et largement immuables, soit encore d'un « système politico-administratif » local ou national, qui exclut beaucoup, mais qui en même temps sait intégrer dès lors que l'on accepte de « jouer le jeu ». De plus, les politiques menées par les gouvernements successifs pour amener l'administration à changer ses pratiques et à s'adapter à la raréfaction des ressources – qui frappe aujourd'hui l'État autant que les entreprises – n'ont jamais pris la forme d'un ensemble cohérent et « pensé ». Il s'est plutôt agi de « rapines ponctuelles » visant, dès que cela était possible, à rogner tel ou tel avantage. La résistance de ces univers et de leurs cadres a donc été frontale et, si l'on peut dire, tous azimuts. Elle s'est d'autant plus fixée comme but de défendre des « avantages acquis » matériels bien plus qu'organisationnels, que l'État lui-même ignore, pour le moment, cet aspect de la réduction de sa propre dépense.

Ce sont sans doute les experts sans responsabilité réelle d'encadrement qui constituent le cas le plus intéressant car ils sont une sorte d'avant-garde des évolutions profondes que subissent les cadres. Ce sont eux qui vivent le plus directement et donc le plus durement, le couple en apparence contradictoire : isolement accru/ dépendance accrue. Ils sont à la fois seuls dans l'accomplissement de leur tâche, celle sur laquelle ils seront évalués, et en même temps

---

24. Enquête CSA-*Liaisons sociales* de 1999.

ils ne peuvent rien faire sans les autres. La souffrance qu'ils expriment va bien au-delà du traditionnel malaise lié à l'exercice de l'autorité. Pour eux, ce qui fait problème, ce ne sont pas les relations *verticales* avec leurs subordonnés : ils n'en ont plus. Ce sont les dépendances *horizontales,* celles des coopérations obligées caractéristiques des nouvelles organisations qui font s'affronter concepteurs et réalisateurs aussi bien que chercheurs et spécialistes du marketing.

Que l'on retrouve les « protestataires » dans les entreprises les plus grandes n'est que la reconnaissance du rôle en quelque sorte « pilote » de ces dernières dans la transformation des conditions du travail. Ce sont elles les premières, parce qu'elles sont de plain-pied dans l'économie mondialisée, qui ont entrepris, souvent à marche forcée, la transformation radicale de leurs modes de fonctionnement. Celles qui ne l'ont pas fait en sont mortes ; l'enjeu était donc de taille. Leur évolution obligée, leur révolution en fait, a fait subir à la condition des cadres une triple transformation.

Tout d'abord, la rationalité de la décision y est devenue de plus en plus financière, excluant toujours davantage ceux qui s'inscrivent dans une autre logique, et les cadres sont souvent de ceux-là. On conçoit qu'ils ne comprennent plus la stratégie de leur entreprise et qu'ils n'y adhèrent pas. Ce n'est plus « leur monde ». Si, il y a encore quelques années, ils se plaignaient d'apprendre ce qui se passait « chez eux » par le biais des organisations syndicales, aujourd'hui c'est bien souvent la presse qui constitue leur principal canal d'information.

Ceci d'autant plus – et c'est la deuxième transformation – que l'information quotidienne s'est banalisée. Elle passe plutôt par les canaux directs des nouvelles technologies, qui contribuent à la massifier et à la standardiser. Une simple pression sur un clavier d'ordinateur suffit pour communiquer à tout le monde le même contenu. Il n'y a donc plus de raison de confier cela à une fonction dédiée. À nouveau, c'est le rôle crucial d'intermédiation des cadres que la technologie vient perturber.

Enfin, cette même grande entreprise a compris, la première, l'apport décisif des fonctionnements transversaux à l'amélioration de la qualité et à la réduction des coûts. Non seulement les lignes hiérarchiques s'en sont trouvées réduites, non seulement les cadres ont eu de plus en plus à « animer » des équipes elles-mêmes de plus en plus autonomes, mais encore cela les a fait entrer de plain-pied dans les pratiques quotidiennes de confrontation et de dépendance. C'est ce qu'illustrent peu à peu les études et sondages, notamment à travers le thème de « l'interruption dans le travail » qui est perçu par les cadres comme nettement plus perturbant que, par exemple, le face-à-face direct avec un client agressif[25]. L'impact de ce phénomène est profond, mais surtout il est *indirect* et *organisationnel*. Il peut donc concerner tout le monde et pas seulement ceux qui sont « au front » du contact avec la clientèle. On comprend le « recul » – délicat euphémisme – que ces cadres souhaitent prendre : dans l'enquête CSA-*Liaisons sociales* que nous avons citée, 79 % des cadres souhaitaient consacrer plus de temps à leur vie privée et familiale, et ceux des grandes entreprises étaient les plus demandeurs. Ces dernières disparaissent progressivement du paysage des institutions à vocation socialisatrice de nos sociétés. Ce n'est pas le moindre résultat de la victoire du client.

La deuxième dimension de l'identité traditionnelle des cadres est celle de leur investissement dans l'entreprise, que nous distinguons de l'investissement dans le travail. Même si l'autre suit l'une, la première concerne l'intensité de *l'attachement* à l'organisation qui vous emploie, la seconde *l'énergie* qui est mise dans l'accomplissement de la tâche. C'est sur une longue période que la mutation de l'attachement des cadres à leur entreprise, et le passage d'une relation « loyauté – protection » au modèle désormais

---

25. Près de 80 % des cadres disent être fréquemment interrompus dans leur travail, alors qu'ils ne sont que 46 % à se plaindre d'« être confrontés à des clients agressifs ». Source : Sondage Opinion Way pour la CFE-CGC, *Baromètre stress, vague 3*, septembre 2004.

hégémonique de « concurrence – évaluation », ont pu être observés. D'autres ont vu dans ce mouvement le passage d'une « logique de l'honneur » à une « logique contractuelle », mais il s'agit bien de la même chose : l'engagement des cadres vis-à-vis de l'entreprise devient limité dans le temps. Ils ont pris acte que les liens qui les unissaient à leur milieu de travail n'étaient plus les mêmes, et ne seraient sans doute plus jamais les mêmes. L'employeur ayant *de facto* renoncé à sa part du contrat, ils ont également dénoncé la leur.

Ce qui est plus nouveau, et à terme plus inquiétant, c'est la perception et la pratique quasi exclusivement *utilitaristes* que les cadres développent aujourd'hui dans les relations avec le monde du travail et en particulier les plus jeunes d'entre eux. « Les DRH dénoncent les fortes exigences des jeunes cadres pour un faible engagement », remarquait une revue spécialisée[26]. C'est en fait à un effet « boule de neige » que l'on assiste. Si l'entreprise, la grande en particulier, a pu exercer sa fonction de socialisation en étant un des points d'entrée les plus efficaces, non seulement dans la vie active mais plus généralement dans le monde adulte, c'est bien parce qu'elle était éminemment protectrice et, en ce qui concerne les cadres, productrice d'une « distinction » très valorisante. Les paysages industriels en ont rendu compte, comme ces villes développées en cercles concentriques autour de « leur usine », chacun de ces cercles étant réservé à une catégorie bien identifiée, sans que cela ne pose de problème aux autres. Non seulement la fidélité y était récompensée par la protection, mais on y apprenait la vie collective dans une relative douceur. Les contacts y étaient médiatisés au point que Michel Crozier y a vu la conséquence de ce qu'il a appelé « la peur du face-à-face[27] ». On découvre aujourd'hui non seulement à quel point Michel Crozier avait vu juste, mais à quel point ceux qui avaient peur du face-à-face avaient raison !

---

26. « Jeunes cadres et DRH : le dialogue de sourds », art. cité.
27. M. Crozier, *le Phénomène bureaucratique, op. cit.*

Car, dans les grandes organisations modernes, cette « socialisation douce » n'existe plus. Non seulement, on y est tout de suite plongé dans le « monde déprotégé », mais encore on n'est même plus sûr d'en tirer, au moins au début, une rémunération satisfaisante. Il suffit, pour s'en convaincre, d'observer le développement du travail gratuit en début de carrière, sous couvert de stages ou autres pratiques plus ou moins avouables. La relation à l'entreprise devient alors un véritable rapport de force marqué par la recherche du gain maximal à court terme et cette entreprise n'est plus qu'un lieu parmi d'autres qui permettent de s'intégrer à la vie sociale.

De jeunes techniciens supérieurs nous ont un jour résumé cette situation de façon saisissante. Alors que leur entreprise s'alarmait de leurs grèves à répétition qui paralysaient un *process* en « flux tendu », la question leur a été posée de savoir s'ils n'avaient pas le sentiment de « scier la branche sur laquelle ils étaient assis » et de pousser leur employeur à délocaliser ses activités. À quoi ils ont répondu qu'ils venaient de la précarité, qu'ils y retourneraient sans doute un jour, et que tout ce qui pouvait être pris était bon à prendre. On ne saurait être plus clair dans la définition de son lien à l'entreprise ! Il ne s'agit pas d'une génération tournée vers « l'ego » comme cela a pu être dit un peu hâtivement, mais de la reconnaissance, par les nouveaux arrivants dans le monde du travail, que le travail n'est plus ce qu'il était.

Il n'est pas surprenant que cette situation remette en cause la troisième composante de l'identité des cadres : leur différence avec le reste des salariés, ce que l'on appelle parfois leur « statut ». Paul Bouffartigue fait remarquer que cette question de la pertinence de la distinction entre cadres et non-cadres a été soulevée par le patronat lui-même. « Depuis 1992 et la parution du "brûlot" édité par *Entreprise et progrès* intitulé *Cadres-non cadres, une frontière dépassée*, la question des frontières de la catégorie est moins que jamais un débat purement scientifique. Il paraît désormais clair que, du point de vue d'une fraction au moins du patronat, l'existence du statut cadre est devenue un obstacle[28]. »

Quant aux cadres, il suffit de s'intéresser à leurs sujets de préoccupation pour constater les limites de cette distinction. C'est le cas de leur focalisation sur des *dimensions individuelles* parmi lesquelles le salaire occupe une place centrale. Leur univers de référence, celui dont ils sont les hérauts, ce n'est plus leur entreprise, mais eux-mêmes. Ils se sentent de moins en moins garants ou représentants d'un intérêt général supérieur à la somme des intérêts particuliers. Ils sont devenus *le vecteur d'un intérêt particulier parmi d'autres*. Dans l'entreprise paternaliste, ou du moins peu structurée, l'intérêt général prenait son sens autour des notions de survie et/ou de développement de l'organisation qui ne se réduisait pas à la simple maximisation immédiate du gain du propriétaire. Avec la mondialisation de l'économie, et la place primordiale qu'elle a donnée au client et à l'actionnaire, non seulement la possibilité d'influer en quoi que ce soit sur « l'histoire » de son entreprise s'est évanouie, mais les systèmes de *stocks options*, avec les dérives qu'ils ont entraînées chez des dirigeants avant tout soucieux d'enrichissement personnel, ainsi que les rémunérations que les conseils d'administration ont accordées à ces mêmes dirigeants, ont définitivement rendu caduque et désuète la notion d'intérêt général.

Les sociologues objecteront que, de toute façon, elle ne fut que rarement un concept permettant de comprendre le comportement des acteurs et le fonctionnement des systèmes humains. D'un point de vue microsociologique, c'est sans doute vrai. Mais, pour le sentiment de différenciation des cadres vis-à-vis des autres salariés, cette notion joua à n'en pas douter un puissant rôle à la fois d'intégration et de distinction.

---

28. P. Bouffartigue, « Les métamorphoses d'un salariat de confiance », art. cité.

Il est remarquable que, dans la grande étude de 1974 qui couvrait tous les aspects de la vie professionnelle des cadres[29], la question de la rémunération ne figurait pas parmi les items susceptibles d'apporter aux cadres satisfaction ou mécontentement! Si la question n'a pas été posée, c'est tout simplement qu'elle ne se posait pas. Trente ans plus tard, elle figure au premier rang de ces items, à égalité avec l'intérêt du travail. Plus frappant encore : sur la longue durée, c'est l'item dont l'importance ne cesse de croître de façon régulière dans les préoccupations professionnelles des cadres. Son taux d'apparition dans les enquêtes est passé de 22 % en 2001 à 28 % fin 2004[30].

Ce problème de la rémunération apparaît comme un condensé symbolique de tout ce qui précède, c'est-à-dire de la banalisation des cadres *et* de leur détachement vis-à-vis de l'entreprise. Car, si les cadres s'estiment traités de façon équitable lorsqu'ils se comparent «à des collègues de [leur] entreprise qui ont des responsabilités et des niveaux de performance comparables aux [leurs] », ce n'est plus le cas dès lors qu'ils évaluent leur situation par rapport «à (celle) des collègues d'autres entreprises qui ont des responsabilités et des niveaux de performance comparables ». Enfin, ils s'estiment traités de façon non équitable par rapport à leur «engagement dans l'entreprise[31] ».

On observe ainsi le déplacement de la *position* et de la *perception* des cadres : non seulement la rémunération est devenue une des composantes essentielles de la relation à l'entreprise, comme pour tout salarié, mais encore elle est perçue comme intrinsèquement insuffisante par rapport à l'extérieur et par rapport à soi-même.

C'est bien l'annonce de l'éclatement de la notion de cadre, réclamée par une partie du patronat, et donc le rejet de la grande

---

29. *Les Cadres et l'organisation. Étude de cas auprès d'un grand groupe industriel, op. cit.*
30. CFE-CGC, *le Baromètre des cadres, op. cit.*
31. *Ibid.*

masse d'entre eux vers une situation, cette fois-ci *objectivement,* proche de celle des autres salariés. Car ce sentiment de n'être pas bien traités financièrement recouvre une réalité : en 2003, plus d'un cadre sur deux a vu son pouvoir d'achat diminuer[32].

Au même moment, les syndicats dénonçaient « la progression outrancière des rémunérations des dirigeants d'entreprises, notamment celles du CAC 40, qui ont doublé en quatre ans, alors que les performances des entreprises ne le justifient pas et que se succèdent restructurations et suppressions d'emplois ». Et l'on peut penser que ce ne sont pas les efforts réalisés pour améliorer la « gouvernance » des entreprises, en particulier avec la mise en place des « comités de rémunération », qui inverseront cette tendance de fond. Le monde des cadres se dualise peu à peu, ce que le vocabulaire a consacré en distinguant « cadres » et « dirigeants » et ce que la loi a entériné en relevant ces derniers de quelques obligations inscrites dans le Code du travail, celles qui portent sur la durée du travail, par exemple.

Ces évolutions modifient-elles la traditionnelle réserve des cadres vis-à-vis de l'action collective – quatrième composante de leur identité ? C'est un sujet difficile car il met cette population face à l'une de ses contradictions les plus manifestes et les plus difficiles à vivre dans sa condition actuelle. D'un côté, les cadres se « massifient[33] », ce qui devrait les tourner vers l'action de masse, mais, de l'autre, la façon dont ils sont gérés, évalués, rémunérés, s'individualise. Dès lors, on comprend qu'il règne chez eux une grande confusion sur les moyens les mieux adaptés pour défendre leurs intérêts.

En fait, la question est ambiguë et exigerait une définition plus précise du concept « d'action collective ». Si l'on entend par là l'idée de « confier la défense de son sort et de ses droits à une

---

institution» plutôt que de discuter soi-même directement avec son employeur, il semble bien en effet qu'il y ait un glissement des pratiques des cadres. Ainsi, d'après une récente étude de la Dares, leur taux de syndicalisation serait deux fois supérieur à la moyenne nationale : ils seraient plus de 500 000 à être syndiqués contre moins de 400 000 ouvriers. Si on prend comme indicateur le nombre de contentieux qu'ils portent devant les Prud'hommes ou leur vote aux élections professionnelles, ils donnent le sentiment de se «radicaliser». Ils utilisent pour cela toutes les voies institutionnelles à la disposition des salariés[34]. De même, quelques études montrent que près de la moitié d'entre eux seraient prêts à participer à un mouvement social sur un sujet spécifique, par exemple sur la réduction du temps de travail[35]. Eux aussi sont donc désormais prêts à entrer dans la logique de défense des avantages acquis, qui traduit une approche conflictuelle de la négociation sociale, jusque-là apanage des syndicats ouvriers.

En revanche, si «action collective» signifie «entrer soi-même dans une organisation de défense de sa catégorie», donc «militer», alors la réticence est beaucoup plus forte. Ils ne sont plus, en effet, qu'un tiers à envisager de se syndiquer. C'est beaucoup comparé au taux de syndicalisation général réel[36], mais c'est peu pour une simple éventualité («envisagez vous?»), surtout au regard de la propension à participer à une grève. La «mobilisation» reste encore chez eux une perspective ponctuelle.

---

34. P. Bouffartigue et J. Bouteiller, «Le travail des cadres est-il contrôlable et négociable», art. cité.

35. Travaux du Comité national de l'Ucc-Cfdt des 15 et 16 octobre 1999, déjà cité.

36. Rappelons qu'il est en France et de loin le plus faible de tous les pays développés.

Les 35 heures
ou la revanche des cadres

De façon conjoncturelle, les lois et les débats qui ont agité la France sur la question de la réduction du temps de travail, sont venus donner un coup de projecteur particulièrement violent sur la situation des cadres et leurs réactions sur un sujet concret, qui génère des clivages importants dans la société. Traditionnellement, en effet, les cadres n'étaient pas supposés « compter leurs heures ». Ils n'étaient ni journaliers, ni au salaire horaire, ni payés aux pièces. Ils avaient des responsabilités à assumer et une tâche à accomplir, donc un résultat à produire : à eux de s'organiser pour y parvenir.

C'est ce qui explique et justifie que leur temps de travail ait toujours été et continue d'être supérieur à celui des autres salariés, contrepartie de responsabilités mais aussi de rémunérations et d'une « confiance accordée » différentes. Le « surtravail » de cette population est donc un phénomène généralisé : son temps de travail, en Europe, est en moyenne supérieur à celui des autres salariés de 4,3 heures par semaine. Et encore, les cadres français ne sont-ils pas les plus à plaindre ! Ils travaillent 44,6 heures par semaine, comme leurs collègues finlandais, alors que les Italiens et les Suédois approchent les 47 heures et que les Anglais les dépassent allégrement[37].

Tous pays confondus, une large majorité d'entre eux considèrent leur charge de travail lourde ou excessive, sans disposer de possibilité de récupération des dépassements horaires. Enfin, dans la majorité des pays, une grande proportion de ces cadres souhaite réduire sa charge de travail et souvent aussi son temps de travail[38].

Pourtant, lorsque dans les années 1990, les pouvoirs publics français se sont lancés dans une politique massive de réduction du temps de travail (RTT), rares sont ceux qui se sont intéressés aux

---

37. *Synthèse européenne des enquêtes sur le temps de travail et la charge de travail des cadres*, Bruxelles, Synthèse Eurocadres, 2003.
38. *Synthèse européenne des enquêtes sur le temps de travail…*, *op. cit.*

cadres. Réputés surinvestis dans leur activité, ils paraissaient peu concernés par ces mesures. Les organisations patronales ont à l'époque exprimé clairement leur peu d'inquiétude à ce sujet et les textes législatifs sont restés très vagues sur la question de l'application des dispositions de la loi aux cadres, laissant aux partenaires sociaux le soin de l'aborder s'ils le souhaitaient[39]. La réalité s'est révélée toute différente et a conduit progressivement les cadres à une radicalisation de leur position sur la RTT, comme si ce débat leur permettait enfin de cristalliser la souffrance et la déception nées de la détérioration progressive des conditions de leur travail.

Ce qui s'est passé peut s'analyser comme un véritable « effet boomerang ». Les cadres furent dans un premier temps les « victimes expiatoires » de la RTT, puis ils s'en emparèrent jusqu'à en devenir les principaux bénéficiaires. C'est que le passage aux 35 heures ne s'est pas traduit, du moins pas immédiatement, par la création massive d'emplois espérée. Il n'y eut pas de péréquation mathématique entre le nombre d'heures libérées et les nouvelles embauches pour les remplacer. Dès lors, la quantité des biens et des services à produire restant globalement la même, la première variable d'ajustement fut la productivité. Les entreprises, les plus grandes en particulier, l'ont bien compris, qui ont utilisé la nouvelle réglementation pour redéfinir l'organisation du travail et compenser ainsi par des modes de fonctionnement différents ce qu'elles perdaient en temps effectif d'activité de leurs salariés. On sait, en effet, que tout gain de productivité qui se fait à mode de fonctionnement équivalent se traduit mécaniquement par une détérioration de la qualité. Ainsi, si l'on réduit le nombre d'agents qui déchargent un Boeing 747 – gain de productivité physique – sans que ceux qui travaillent en amont (chargement de l'avion) ou en aval (les caristes) ne changent leurs façons de faire, les délais de livraison vont s'accroître, la qualité perçue par le client va se dété-

---

39. C'est en fait l'Inspection du travail qui a joué un rôle décisif et a progressivement aidé à définir la doctrine sur l'application aux cadres de la RTT.

riorer, avec le risque de perdre des parts de marché. Pour compenser la réduction des heures, il va donc falloir travailler autrement et surtout plus vite. Cela, tous les salariés ont pu l'expérimenter. Ce « moment de redéfinition du travail » fut celui de l'accélération de la mise en place des nouvelles organisations, transversales, coopératrices ou par projets, dont nous verrons les conséquences destructrices sur les protections dont jouissaient traditionnellement les cadres. De ce point de vue, les 35 heures ont joué un rôle d'accélérateur dans la déprotection organisationnelle du travail, que leurs promoteurs n'avaient sans doute pas imaginé.

Mais l'inventivité qui s'est manifestée à cette occasion n'a pas suffi. Au gré des circonstances, sont apparues soit des tâches soit des plages de temps que la réduction du temps de travail ne permettait plus d'effectuer ni de couvrir. Il appartint alors aux cadres de prendre ce surcroît en charge, de boucher les trous bon gré mal gré, au nom de leur « mission » historique de réalisation d'un résultat. En d'autres termes, dans un premier temps, les cadres sont devenus la *seconde variable d'ajustement de la mise en place des 35 heures.* Non seulement ils ont continué à subir de plein fouet une transformation accélérée des organisations, mais encore ils ont eu à faire « le travail des autres ». De plus, personne n'a envisagé que cette accélération des rythmes puisse être compensée par une reconnaissance ou par une rétribution des efforts supplémentaires fournis. La réaction des cadres dans un second temps fut à la mesure de la déception et des frustrations accumulées et n'a fait qu'accélérer leur prise de distance à l'égard de l'entreprise.

Ils se sont « emparés » des 35 heures, ils se les sont en quelque sorte accaparés. S'ils ont commencé à compter leur temps, largement soutenus en cela par les administrations en charge de contrôler l'application de la loi, c'est pour diminuer la durée effective de leur travail, faute de pouvoir en réduire la charge. Ils ont utilisé cette mesure pour exprimer qu'ils avaient cessé d'être dupes d'une pseudo-intégration aux instances dirigeantes de l'entreprise, dont ils ne voyaient plus que les inconvénients sans plus jamais en partager les avantages. Ils ont pris acte de la réalité de leur situation et ils l'ont fait savoir haut et fort, en saisissant l'opportunité créée, fin 2004-début 2005, par la relance du débat sur un possible assouplissement des textes initiaux.

Deux points dominent leurs réactions, qui viennent confirmer et amplifier ce qui a pu être dit précédemment. En premier lieu, une majorité absolue de cadres se déclare favorable au maintien des 35 heures : « Dans ce contexte de stress croissant, il est logique que les cadres interrogés expriment des attentes fortes sur leur durée de travail : 52 % d'entre eux préféreraient laisser la loi sur les 35 heures en l'état plutôt que de l'assouplir encore (14 %) ou la réformer en profondeur. Seuls 7 % envisageraient de la supprimer, les plus nombreux dans ce cas étant les cadres... de direction générale[40] ! » À lui seul, ce résultat permettrait presque de quantifier la dualisation du monde des cadres et de confirmer que la détérioration des conditions du travail frappe bien l'immense majorité d'entre eux. Mais surtout, sa mise en perspective, son interprétation comme le résultat d'une évolution lente mais continue, permettent de confirmer une hypothèse : ce n'est pas la *valeur travail* qui s'est dégradée, mais le travail lui-même, ce qui a mis les cadres dans cette situation de « retrait offensif » qui les caractérise aujourd'hui. Retrait par rapport à leur investissement antérieur ; offensifs dans la défense de « ce qu'il leur reste ». Et lorsqu'on leur demande ce qui éventuellement pourrait justifier la remise en cause de la loi Aubry, la réhabilitation de la valeur du travail apparaît en dernière position[41]. C'est un euphémisme de dire que ce n'est pas pour eux l'essentiel de la question.

En second lieu, les cadres ont définitivement entériné la profonde divergence d'intérêts qui s'est créée entre eux et ceux pour qui ils travaillent. Ils ne voient que deux bénéficiaires possibles à

---

40. CFE-CGC, *Baromètre stress, vague 3, op. cit.*
41. *Ibid.*

la remise en cause de la loi sur la RTT: les actionnaires (75 %) et les entreprises (71 %). Tous les autres sont vus comme perdants: la France (46 %), l'emploi (36 %), les cadres en général (33 %), eux-mêmes en particulier (30 %) et les salariés non cadres (26 %[42]). Le rapprochement entre les deux derniers («vous-même» et les «salariés non cadres») est une illustration de l'homogénéisation des situations. Elle n'est pas liée à des changements juridiques: ni la loi ni les accords contractuels ne l'ont pour le moment consacrée. Mais, dans les faits et dans les esprits, elle est là et bien là. Il serait certainement imprudent d'annoncer à partir de ce constat «la fin des cadres», mais il le serait tout autant de ne pas voir que les «frontières» entre les catégories sont en train de se redéfinir. Le contraire eût été surprenant dans un monde où les organisations traditionnelles du travail ont été balayées par la globalisation de l'économie, et avec elles les groupes sociaux qui en étaient l'expression.

Une des questions qui restent en suspend en ce début de siècle est celle de la volonté et de la capacité des entreprises à gérer ces évolutions. Elles sont prises dans un difficile dilemme: «perdre en route» cette catégorie qui fut si précieuse et – qu'on nous excuse la formule – «qui peut encore servir», ou poser le problème dans sa dimension collective, et donc affronter le risque que, pour elles au moins, le remède soit pire que le mal.

---

42. CFE-CGC, *Baromètre stress, vague 3, op. cit.*

CHAPITRE II

La déprotection des cadres

Même si tout collectif est porteur de menaces, nous vivons dans ces collectifs pour être protégés. Dans les sociétés développées, on leur reconnaît la vertu d'offrir des protections civiles, qui relèvent du droit commun, et des protections sociales, qui, elles, s'acquièrent pour l'essentiel par l'accès à l'emploi et par le travail, et permettent de faire face aux aléas de l'existence. Notre objet n'est pas de rediscuter ces notions[43], mais de montrer que le débat à leur sujet néglige une troisième forme de protection dont l'importance n'est apparue qu'au moment où elle-même a commencé à se détériorer. Il s'agit de la protection liée aux *organisations* qui définissent les conditions *du* travail, c'est-à-dire le degré de dépendance et de contraintes que fait peser sur le salarié l'environnement de son activité ; en l'occurrence, les cadres jouissaient de ce point de vue d'une autonomie qu'ils ont pour l'essentiel perdue.

Cette dimension organisationnelle n'est pas totalement absente de la discussion sur les protections liées au travail. Mais elle y est marginale et porte pour l'essentiel sur la complexité des

---

43. Voir R. Castel, *l'Insécurité sociale, op. cit.*

structures (matricielles, par projets, etc.) dans lesquelles les salariés en général et les cadres plus directement, ont à se mouvoir aujourd'hui, et le stress que provoque cette complexité[44]. Ce sont les psychologues qui ont le plus insisté sur l'importance croissante de cette variable organisationnelle, en soulignant qu'elle génère chez les individus une réelle souffrance, même si par ailleurs le bienfondé de ce terme fait débat[45]. Sans doute les «psys» sont-ils mieux à même de percevoir que ce qui est en cause, ce n'est pas la structure des entreprises, mais les *nouveaux types de relations* qui s'y nouent. Toutefois, dans la littérature consacrée au travail et à celui des cadres en particulier, s'il est admis que les organisations ont en partie réduit l'insécurité sociale par *l'affiliation,* en donnant un contenu et une visibilité croissante à l'avenir, aucune importance réelle n'est accordée à l'insécurité créée par le rapport aux autres qu'engendrent les nouveaux impératifs du travail.

Plus idéologiquement, la pression de l'actionnaire et de son bras armé, le client, est analysée et surtout dénoncée, mais uniquement au travers de ses conséquences sur la productivité physique qui ne cesse d'augmenter et, dans le cas des cadres, de l'allongement effectif de la durée du travail[46]. Rien n'est dit sur la transformation de la relation aux autres dans le travail quotidien, celle qui lie aux subordonnés et aux supérieurs, mais surtout aux *collègues*, et qui se révèle, nous allons le voir, comme la plus problématique, la plus porteuse de tensions, celle qui révolutionne les conditions effectives du travail.

---

44. Voir par exemple *Enjeux-Les Échos*, «Travailler nuit gravement à la santé», novembre 2004. Voir aussi Y.-F. Livian, «La violence insidieuse des outils de management», dans *Le Bulletin de l'ODC, op. cit.*, p. 44.

45. A. Ehrenberg, «Peut-on parler d'une idéologie de la souffrance?», art. cité, p. 23.

46. Il y a débat sur l'allongement effectif de la durée du travail des cadres. Néanmoins, après une période durant laquelle les cadres ont suivi le mouvement général de réduction de la durée du travail, il semble que celle-ci a recommencé à augmenter, jusqu'aux lois sur les 35 heures.

Par ailleurs, l'ignorance de cet aspect et la focalisation sur les protections perçues comme fondamentales ont tout naturellement conduit à diriger ces dernières vers les plus fragiles, les plus défavorisés, laissant de côté ceux qui, par leurs acquis et leur situation dans le collectif de travail, apparaissaient comme beaucoup moins vulnérables. De ce point de vue, les «ingénieurs» d'abord, puis les cadres lorsqu'ils sont apparus en tant que tels, se trouvaient du côté des nantis, car protégés *de facto* à défaut de l'être *de jure*.

Pourtant, dès que l'on s'intéresse aux analyses qui tentent d'expliquer pourquoi et comment ces protections fondamentales sont remises en cause, les choses apparaissent moins simples et la distinction entre nantis et exposés s'estompe. C'est la mondialisation de l'économie qui est montrée du doigt, avec ce qu'elle implique de nouvelles concurrences, d'alignement par le bas et, pour faire bref, de pressions de toute nature sur les coûts. Mais lorsqu'une situation se détériore, elle se détériore pour tout le monde, même si les *formes de la détérioration* ne sont pas les mêmes et même si nous continuons à en évaluer la rigueur par rapport au critère dominant de l'emploi. Or, ceux qui sont les moins protégés collectivement, parce que supposés l'être individuellement par leurs acquis, leur situation, mais aussi par leur traditionnelle fidélité à l'entreprise, deviennent alors très vulnérables. *Ce n'est pas par le cadre que s'achève le mouvement général de déprotection, c'est par lui qu'il commence*. Et c'est sur lui qu'il se concentre : si les nouvelles organisations «coopératives» peuvent représenter un gain d'autonomie pour une part du salariat «ordinaire», pour les cadres, elles se traduisent d'abord par une perte. Loin d'en subir une version atténuée voire indolore, le cadre rencontre la version la plus exacerbée de la déprotection, «censé [qu'il est] se faire entrepreneur de lui-même, faire son poste plutôt que l'occuper et construire sa carrière hors des schémas linéaires standardisés de la firme fordiste[47]». Il se trouve ainsi surexposé et fragilisé parce qu'il n'est plus supporté

---

47. R. Castel, *l'Insécurité sociale, op. cit.*, p. 44.

par des systèmes de régulation collective. En définitive, ce sont bien les organisations qui ont fait des cadres un groupe «en situation de mobilité sociale descendante dont la commune condition se dégrade [et qui] constituent le terreau sur lequel se développe le sentiment d'insécurité[48]».

La révolution des organisations

Par organisation, nous n'entendons pas une *structure, un organigramme, un ensemble de règles et de procédures* établissant les modalités et les *process* de travail. Sous leur apparence concrète et objective, ces éléments de la vie collective sont en fait abstraits. Ils sont un élément du contexte de l'action, ils la structurent pour partie mais ils ne la définissent pas[49]. Nulle organisation ne peut fonctionner en suivant ses règles officielles, au point que lorsque certains de ses membres essaient d'appliquer strictement l'intégralité des directives, cela se traduit par une grève dite «du zèle». Les nombreuses procédures produites par les organisations ne sont pas seulement faites pour être appliquées. Elles servent aussi à protéger ceux qui les émettent du reproche de n'avoir rien fait dans un monde où la complexité rend toujours plus aléatoire de savoir ce qu'il faut faire : entre le «rien fait» et le «tout tenté», il y a, pour les cadres, de moins en moins de situations intermédiaires.

De fait, derrière les organigrammes, les règles et les procédures, il y a une *réalité.* Elle est constituée de la façon dont les gens travaillent, décident, résolvent leurs problèmes. C'est ce que les sociologues appellent les *modes de fonctionnement,* qui constituent la réalité des organisations. Cette distinction va permettre de saisir l'ampleur du mouvement qui touche aujourd'hui les organisations, en quoi il est destructeur de protections acquises depuis longtemps

---

48. R. Castel, *l'Insécurité sociale, op. cit.*
49. E. Friedberg, *le Pouvoir et la règle,* Paris, Le Seuil, 1996.

et enracinées dans les comportements, et pourquoi, enfin, les cadres en sont les plus directement affectés. Car ces organisations subissent, depuis le premier choc pétrolier, une véritable révolution et la définition rapide que nous venons d'en donner montre qu'elle est bien plus une révolution des façons quotidiennes de travailler qu'une révolution des structures. Il s'agit là d'un processus qu'on a déjà pu observer et dont la naissance et le développement du taylorisme sont les exemples les plus connus.

Et, en effet, si l'on s'en tient à la période qui s'étend du début du XXe siècle au début du suivant, la première révolution ayant affecté le monde économique a été l'introduction de la production de masse, dont Taylor, Fayolle et Max Weber sont les théoriciens, Henri Ford le praticien emblématique et l'administration publique un des derniers exemples vivants. À l'origine, aucun d'eux n'est un spécialiste des organisations. Mais ils ont compris qu'il s'agissait là de la dimension principale du mouvement qu'ils initiaient. Très vite la production de masse est devenue affaire « d'organisation scientifique du travail » (l'OST). Certes l'OST véhicule une théorie implicite du comportement humain dans les univers organisés, aujourd'hui sujette à critiques. Certes, elle contient cet espoir qu'il serait possible de régler scientifiquement ce que font les hommes au travail. Néanmoins, c'est bien en organisant différemment le travail humain que les exigences d'un nouveau contexte économique sont abordées.

En ce début du XXIe siècle, nous sommes entrés dans une deuxième grande révolution et c'est à nouveau une révolution d'organisation. Rien d'original dans le mouvement donc, mais un prodigieux bouleversement dans le contenu. De quoi s'agit-il ? Les mots *globalisation* ou *mondialisation* sont à la fois trop généraux et trop polémiques pour appréhender ce que vivent les individus au quotidien. Il est plus utile de noter que parmi ses multiples conséquences, la mondialisation s'est traduite par une *inversion de la rareté entre le produit et le client.* Il y a encore trente ans, la rareté était une caractéristique liée aux biens et services que le client désirait acquérir, et non au client lui-même. Ce fut le cas, expérimenté par chacun, des lignes téléphoniques aussi bien que des automobiles pour lesquels les fournisseurs ont été à même d'imposer à leurs clients, à la fois leurs coûts, leurs délais mais aussi leurs dérives de qualité. Les fournisseurs, producteurs ou distributeurs, dominaient sans partage la relation d'échange. On comprend pourquoi, au moins de leur point de vue, ce furent les « Trente Glorieuses » !

On considère généralement qu'ils ont utilisé cette situation de domination pour pratiquer des prix d'autant plus élevés que la dimension locale des marchés ne laissait que peu d'alternatives aux « dominés ». C'est sans doute en partie vrai (sous réserve de l'intervention active des États dans la fixation des prix), et pour s'en convaincre il suffit de suivre l'évolution du coût des communications téléphoniques ou les ratios salaire/prix de certains secteurs. Mais cela ne permet pas de comprendre l'impact de cette situation – puis de son bouleversement – sur les organisations et donc sur le travail et les protections qu'elles ont pu offrir.

En fait, tant que la demande a été largement supérieure à l'offre, les producteurs ne se sont organisés qu'en prenant en compte leurs propres contraintes, leurs propres problèmes. Sur tous les aspects qui « construisent » un ensemble humain – les structures mais aussi les horaires de travail, la répartition de ce travail dans le temps, les modes d'évaluation, de rémunération, de promotion, de gestion des carrières –, ils se sont organisés de manière *endogène* : ils se sont montrés plus protecteurs que serviteurs. Ils ont en quelque sorte construit des organisations *pour eux* et non pour ceux qu'ils devaient « servir », le terme approprié étant d'ailleurs plutôt « fournir ».

Quelles sont les deux principales contraintes que tout producteur de biens ou de services doit affronter ? Il y a d'abord les contraintes techniques liées aux tâches à accomplir. Ce sont les plus immédiates, celles qui semblent les moins discutables. Elles constituent la base de ce que l'on a parfois appelé, avec un peu de mépris, le « raisonnement de l'ingénieur ». Dès lors, l'organisation va se construire sur le principe de la *succession de ces tâches*, par « métiers » ou en « silos » comme dit le langage managérial. Le travail se segmente autant que nécessaire, c'est-à-dire autant qu'il y a de tâches primaires à accomplir, avec l'idée que si chaque segment accomplit correctement ce qui lui est dévolu, le résultat final sera bon par définition. Ainsi dans l'industrie automobile va-t-on trouver un *bureau d'études,* dont la mission est la conception du produit, des *méthodes* qui vont « l'industrialiser », c'est-à-dire décider de quelle façon et avec quels outils il sera élaboré, des *fabrications* dont il est inutile de préciser le rôle et enfin un réseau en charge de la vente et de la maintenance du produit. Il ne s'agit là que des segmentations primaires. Le phénomène peut se répéter presque à l'infini. On observera, aux méthodes par exemple, qu'un véhicule comporte à la fois de la mécanique et de la carrosserie ; il y aura donc des « méthodes mécaniques » et des « méthodes tôlerie ». Mais en même temps la logique séquentielle impose de prendre en compte qu'il faut *d'abord* emboutir la tôle *puis* l'assembler, d'où la création des « méthodes emboutissage tôlerie » et des « méthodes assemblage tôlerie ». Se construira peu à peu l'organisation séquentielle et segmentée, caractéristique de l'approche taylorienne qui, durant des années, s'est répandue dans les services aussi bien que dans l'industrie.

En dépit des apparences et des clichés, ceux qui vivent et travaillent dans ce type d'organisations leur trouvent de nombreux avantages. Pour reprendre leurs mots[50], elles sont « claires », « lisibles ». Elles « protègent » en somme. Mais contre quoi ? Contre ce que l'on peut considérer comme la chose la plus difficile à faire dans les organisations, une des moins naturelles, une des plus humainement coûteuses : elles protègent contre la *coopération.* C'est bien là la vertu redécouverte du taylorisme, mais redécouverte dans

---

50. C'est un test que nous avons répété des centaines de fois. Le mot qui est de loin revenu le plus souvent fut celui de « protection ».

la douleur. La segmentation « scientifique » qu'il érige en principe intangible de l'organisation du travail, justement parce qu'elle est supposée scientifique, ambitionne d'évacuer l'humain et donc le conflit du fonctionnement des organisations. C'est un de ses postulats de base. Dès lors, il s'agit *mécaniquement* de se transmettre des « dossiers », mot-clé de ce type de fonctionnement, sans que ne se créent de véritables dépendances entre les acteurs, puisque le ballet du dossier est réglé par des procédures précises et connues de tous, qui excluent l'improvisation, l'à-peu-près et surtout l'arbitraire, par nature conflictuel.

Les difficultés de la coopération

Mais pourquoi la coopération est-elle aussi contraignante et si peu naturelle ? Pourquoi les hommes ont-ils toujours cherché à s'en protéger ? C'est qu'elle *met en situation de dépendance* alors que nous privilégions tous l'autonomie. Elle crée une nouvelle forme de rapports aux autres, caractérisée par l'impossibilité d'agir seul, par la nécessité de composer, de négocier, de s'affronter. Elle oblige, dans l'action, à intégrer plusieurs logiques, souvent antagonistes. Pour reprendre l'exemple cité plus haut, la logique de l'emboutisseur, c'est d'avoir le plus possible de plaques plates, même si ceci revient à en augmenter le nombre ; celle de l'assembleur, c'est de réduire le nombre de points de soudure et pour cela le nombre de plaques. Intégrer ces deux approches est par nature conflictuel donc moins confortable que la poursuite de sa propre logique. On anticipe aisément à quel point l'univers taylorien est à la fois *protecteur* et *coûteux*. Car si les acteurs s'évitent, ne se parlent pas – ne *coopèrent* pas – dans un processus qui est séquentiel et non simultané, il arrivera un moment auquel les ajustements devront se faire. S'ils ne se font pas, c'est la qualité qui sera pénalisée ; l'absence de coopération se traduira par des défauts acceptés par le client pour autant qu'il n'a pas le choix. Si l'ajustement se fait trop tard ou trop lentement il produira des surcoûts ou accroîtra les délais, conséquences tout aussi inacceptables dans un univers ouvert à la concurrence. C'est bien le vrai paradoxe du taylorisme : longtemps vilipendé, il a fourni à ceux qui travaillaient selon ses principes une inestimable protection contre la dureté des relations aux autres. On comprend aussi pourquoi ceux qui travaillent encore sous ce « régime », les fonctionnaires par exemple, le défendent becs et ongles. Il ne s'agit pas d'une abstraite « résistance au changement », mais bien de la tentative de préserver un univers raisonnablement confortable, bâti pour ceux qui y vivent et non pour ceux qu'il sert.

La contrainte humaine est la seconde à laquelle toutes les organisations ont à faire face. On y parle d'ailleurs volontiers des « problèmes humains », indiquant par là que tout ce qui relève des hommes, de leurs comportements et de leur contrôle est en soi problématique. La définition que nous avons donnée des organisations, comme un ensemble de façons de travailler, pourrait inciter à penser qu'il n'y a pas réellement d'autres problèmes, ou du moins pas de problèmes aussi insolubles ou difficiles à aborder. Gérer l'humain, l'organiser, c'est *construire l'organisation dans son ensemble*, c'est-à-dire rendre possible l'accomplissement des tâches pour lesquelles elle a été créée. L'enjeu est donc de taille et surtout il n'est ni technique (ça ne « coule pas de source ») ni *a fortiori* scientifique comme Taylor a pu le penser. Le choix d'une organisation est politique, au sens où il exprime à quels acteurs la priorité a été donnée, quels sont ceux dont la logique et les intérêts vont l'emporter dans les modalités de fonctionnement quotidien.

En situation de rareté des produits, la réponse est sans surprise. Priorité aux membres de l'organisation au détriment de leur environnement en amont (l'actionnaire) ou en aval (le client), pas encore en situation de faire alliance. Derrière les segmentations évoquées plus haut, vont apparaître des spécialistes dont les compétences aussi bien que la complexité des tâches qu'ils ont à accomplir vont être surestimées. Ainsi va-t-on expliquer, dans cette compagnie aérienne, que former de bons «personnels navigants cabine» demande une quinzaine d'années. Vrai ou faux, on comprend à quel point cela peut «figer» l'organisation, rendre la mobilité plus que difficile et donc réduire à néant les risques d'une concurrence interne ou d'une nouvelle définition du contenu du travail. On comprend aussi pourquoi, dès lors que les changements technologiques s'accélèrent, la spécialisation devient un handicap aussi insurmontable qu'elle avait été une protection efficace. De même, les études réalisées dans les compagnies d'assurance au moment où elles ont entrepris une informatisation massive de leurs activités ont montré que les hiérarchies créées entre les rédacteurs (production, sinistres, contentieux), à partir de la complexité supposée de leurs tâches étaient en grande partie artificielles et ne justifiaient ni les écarts de salaire qui y étaient attachés, ni les temps d'apprentissage annoncés.

Le cas de la fonction publique

Néanmoins, à ces spécialistes réels ou supposés ont été donnés des avantages en termes de revenus, de temps et d'horaires de travail et, lorsque cela a été possible, de statuts. Or un statut, s'il apporte à celui qui en bénéficie bien des avantages, est avant tout une glaciation de sa situation. Mais il s'agit d'une *glaciation positive* au sens où les termes peuvent en être améliorés, jamais dégradés. C'est une logique profondément ancrée dans un pays comme la France, où un statut est un «acquis social» et sa discussion ou sa remise en cause une «régression sociale».

C'est la fonction publique qui a poussé le plus loin cette logique endogène. Il faut s'y arrêter d'abord parce que le statut général de la fonction publique, qui organise la vie des agents de l'État au-delà même de leur travail, a sans ambiguïté été créé pour les *protéger*. En 1946, il s'agissait de créer les conditions de leur indépendance face à l'arbitraire et aux interférences partisanes du pouvoir politique. On le comprend aisément au sortir de la période trouble de l'Occupation. Mais une fois que la première maille lâche, le fil peut être tiré sans fin. La protection contre l'arbitraire politique est devenue la protection contre l'arbitraire tout court. Les règles et surtout les pratiques ont peu à peu tendu à assurer aux agents une indépendance de leur destin unique dans le monde du travail. L'évolution de la notation dans la fonction publique n'est qu'un exemple parmi d'autres : censée à l'origine permettre à la hiérarchie de distinguer entre « les bons » et « les moins bons » et donc d'en tirer les conséquences en termes de rémunération et de promotions, la note est devenue un droit. Elle est quasi statutaire et y déroger ne peut se faire qu'au prix de sérieux conflits avec les instances paritaires, dont on a peu de chances de sortir vainqueur. Dans quelques situations extrêmes, le CNRS par exemple, dans lesquelles les agents deviennent propriétaires de leur poste, c'est à une véritable *inversion de la hiérarchie* à laquelle on assiste. Ce n'est plus le subordonné qui dépend du chef, mais l'inverse ! En somme, c'est lui qui aurait besoin d'être protégé.

Un tel système n'a pu se développer qu'en situation d'abondance des ressources, d'une part parce qu'il est extrêmement onéreux, mais surtout parce qu'il n'est acceptable par son environnement que parce qu'il est *distributeur.* Pour expliquer sa survie, son développement et enfin son immobilisme, il faut remarquer que ce qui caractérise la plus grande partie de l'Administration c'est sa situation de monopole, c'est-à-dire de domination sans partage sur son client. Dès lors, les modalités de travail qui y sont adoptées reflètent très exactement les contraintes et les besoins des agents et le coût de ce choix est externalisé sur l'environnement, soit les administrés en tant que « bénéficiaires » des services administratifs, soit les contribuables. L'Inspection générale du ministère des Finances a calculé que la collecte de l'impôt en France coûte trois fois plus cher que dans les pays les plus « raisonnables », États-Unis et Suède. Or, pour le contribuable, une administration fiscale efficace n'est pas celle qui ne prélève pas l'impôt ; c'est celle qui, lorsqu'elle le prélève, n'accroît pas par ses modes de fonctionnement le montant de ce même impôt.

Un homme politique a pu résumer cette logique endogène d'une façon heureuse en observant qu'il serait temps d'adapter les horaires de travail des policiers à ceux des délinquants ! Simple boutade ? Non. Constat d'une réalité qui se développe à l'identique dans ces univers. Les rythmes de travail des policiers, leurs horaires, leurs affectations dans des zones plus ou moins criminogènes, n'ont que peu à voir avec les besoins de la population. Ils suivent des règles explicites ou coutumières dont l'objet est de garantir aux agents un déroulement de carrière et des conditions de travail qui soient les mêmes pour tous (principe de la non-différenciation). Mais poussée à l'extrême – et elle l'est –, cette logique conduit à faire fonctionner l'organisation au détriment des besoins de ceux qu'elle sert. Ainsi affecter les policiers les plus jeunes dans les quartiers les plus difficiles ou donner aux enseignants débutants le plus grand nombre d'heures dans les classes les plus délicates n'est pas le meilleur moyen d'être « orienté client », pour utiliser une expression qui peine à avoir cours dans l'administration. C'est une situation dans laquelle la *logique de l'organisation* va l'emporter sur la *logique de la mission.* Nul doute que l'on tienne là l'explication majeure de la difficulté à *réformer l'État* : en la matière, tout le monde sait ce qu'il faut faire, personne ne sait comment le faire. Cette paralysie de l'action est l'exemple le plus convaincant de résistance face à la *déprotection organisationnelle du travail.*

Cette situation de monopole n'est pas l'apanage des seuls univers publics. La distinction opératoire pour comprendre les organisations et les protections qu'elles offrent n'est pas public/privé mais plutôt concurrence/monopole. La *rente monopolistique* est par définition encore plus avantageuse que celle de la rareté relative. Elle prive l'environnement de toute capacité de discussion sur ce qu'il doit faire et/ou payer pour obtenir le bien ou le service recherché. L'individu qui fait face à ce type d'organisation se retrouve littéralement « découpé » suivant les tâches qu'elle s'est assignées. S'il prend l'avion, il sera tantôt «le sol», et tantôt «le vol» mais jamais un voyageur; s'il paie ses impôts, il naviguera de «l'ordonnateur» au «comptable», mais ne verra pas de guichet unique; il sera «prise de commande» puis «livraison», élève d'anglais puis de français... Arrêtons-nous là. En la matière, la seule différence entre les monopoles publics et les monopoles privés est que les premiers le sont *de jure* et les seconds *de facto*. Mais du point de vue des caractéristiques de fonctionnement, les conséquences sont les mêmes. Nous avons ainsi pu observer telle entreprise américaine, fer de lance de la «nouvelle économie», leader mondial sur son marché dans laquelle l'endogénéité des comportements n'avait rien à envier à celle que l'on observe dans les services de l'État: les acteurs ajustaient leurs comportements, leurs «stratégies», aux règles non écrites mais connues de tous, régissant les mécanismes de promotion interne. La stricte observance de ces règles se faisait au détriment du service du client. Tant qu'aucune concurrence sérieuse ne s'est manifestée, l'entreprise s'est parfaitement accommodée de la situation et a même poussé cette logique dans quelques pays jusqu'à ne plus répondre au téléphone: le client y était devenu un élément perturbateur dans le ballet autocentré des façons de travailler. Ce qui a distingué cette entreprise du secteur public, c'est sa capacité à réagir immédiatement et radicalement dès qu'elle s'est sentie menacée. Mais ce qui a initié le changement, ce n'est ni elle ni la volonté de ses dirigeants de «rectifier le tir»: c'est son environnement.

Ce qui vient d'être dit sur la partie (l'organisation) face au tout (le marché), vaut pour les sous-parties qui composent cette organisation. La rhétorique insistante de la clarté et surtout de la non-redondance des fonctions qui foisonne dans les entreprises peut aisément se comprendre en termes de protection. Car si des fonctions ne se recoupent pas, s'il n'y a aucun *overlap*, alors celui ou ceux qui occupent l'une d'entre elles bénéficient à leur tour d'une situation de monopole qu'ils utilisent de la même façon que ce qui a été précédemment décrit : ils imposent au reste de l'organisation leurs contraintes et leur logique, à leur tour ils produisent des « externalités ». Nous retrouvons alors la vertu protectrice de la segmentation et nous comprenons pourquoi les cadres attachent une telle valeur à la logique formelle des organisations.

La bureaucratie protectrice

Ce qui vient d'être dit permet de discuter la notion de *bureaucratie* et d'en comprendre toutes les vertus pour ses membres. Il n'y a aucune contradiction entre la perception courante, polémique et journalistique de ce terme et la définition sociologique qu'en donne Max Weber. La première représente le point de vue de celui qui *subit,* la seconde de celui qui *profite.* Dire que la bureaucratie est une organisation lourde, lente, paperassière, inhumaine et incontrôlable, ça n'est jamais qu'en énumérer les externalités, ce qu'elle fait subir à ceux avec qui elle interagit. Affirmer avec Max Weber qu'il s'agit de la façon la plus efficace de produire des règles générales et impersonnelles et de les faire appliquer, c'est ériger l'indifférenciation en principe à la fois dans la façon dont on traite ses interlocuteurs et dans la manière dont on gère ses membres à qui on procure de ce fait l'anonymat et l'irresponsabilité individuelle. Et en effet, ces règles générales et impersonnelles ne s'appliquent pas seulement au traitement des interlocuteurs de la bureaucratie. Elles régissent aussi les façons de travailler de ses membres. Ce principe conduit inexorablement à l'endogénéité comme l'histoire l'a démontré.

Voilà pourquoi, tant que cela a été possible, secteurs privé et public confondus, les producteurs ont construit des bureaucraties, c'est-à-dire des organisations beaucoup plus destinées à protéger leurs membres qu'à servir leurs clients. Elles sont l'expression achevée de la *fonction de protection du travail* déclinée, à des degrés divers, sur trois plans : elles offrent d'abord une protection face aux aléas de la vie au travers de la durée indéterminée des contrats qu'elles proposent à leurs membres. Mais il ne s'agit pas là à proprement parler de ce que nous avons défini comme une protection organisationnelle. Elles proposent ensuite une protection face au *client* en éliminant la responsabilité individuelle sur le résultat final qui est pourtant le seul que le client perçoive et achète : on peut toujours le renvoyer vers un « ailleurs » (un autre service, une autre partie de l'organisation) mais qui sera tout aussi détaché du résultat d'ensemble. Surtout, elles institutionnalisent la protection face aux *autres* et en priorité face aux *pairs,* ceux avec qui on n'est pas obligé de coopérer pour accomplir sa propre tâche.

Nous voici au cœur du sujet. Car tout ce que nous savons aujourd'hui sur les cadres, de façon empirique ou par des études *ad hoc*, montre que c'est la troisième protection qui est pour eux la plus *protectrice*. La crainte de la perte de l'emploi existe, mais de façon minoritaire et surtout pour la frange la plus âgée de cette population. Pour le reste, les cadres considèrent qu'ils peuvent se reclasser eux-mêmes, et les chiffres leur donnent raison. En ce qui concerne la relation au client, la question est plus complexe. Il est des métiers, celui des enseignants par exemple, pour lesquels c'est le face-à-face direct qui est pénible et parfois vécu difficilement. Cela se comprend dans leur fonction de « *front office* de la rupture du lien social ». Mais cette situation est loin d'être majoritaire. En fait, l'impact du client est *indirect* : ce n'est pas son contact qui est contraignant mais les conséquences organisationnelles du devoir impératif de satisfaire ses exigences de coût et de qualité. Et cela ramène à la troisième dimension, celle du rapport aux autres, au travers de la nécessaire coopération, c'est-à-dire de l'inévitable, épuisante et combien stressante situation de dépendance.

Car si les bureaucraties sont vertueuses pour leurs membres, elles le sont beaucoup moins pour ceux qui ont affaire à elles. La seule parade qu'ont trouvée les bureaucraties pour faire face aux effets pervers de la segmentation est la multiplication des *fonctions de coordination* chargées de faire le lien entre les silos étanches. Or la coordination est une vision dégradée mais *protectrice* de la coopération. Elle entérine le fait que deux ou plusieurs parties ne communiquent pas, ne travaillent ni ensemble ni en même temps. Le remède est pire que le mal. Indépendamment du coût supplémentaire que cela représente, cela complique le jeu, dilue davantage les responsabilités et dispense définitivement chacun de se soucier de la logique et des contraintes des autres. La « coordination administrative » en est un bon exemple, qui n'empêche personne de continuer à parler son langage de spécialiste, tout en passant par d'autres voies, celle des réseaux informels par exemple, lorsqu'il y a une vraie urgence à résoudre un problème, c'est-à-dire un vrai risque à ne pas le faire. Pour faire bref, la coordination est évitement là où la coopération est confrontation. On comprend où va la préférence des acteurs lorsqu'on leur laisse le choix ou plus précisément lorsque la relation à l'environnement leur permet d'imposer leur solution. Cette observation est très proche de celle d'Oliver Williamson[51] qui oppose la solution de la « hiérarchie » à celle du « marché », dès lors qu'il s'agit d'organiser les activités humaines. Tant que les organisations en ont eu les moyens, elles ont privilégié la hiérarchie, plus confortable, moins rugueuse et moins exigeante que le marché. Ce faisant, elles ont transformé les cadres en *coûts de transaction.* Dès lors qu'il faut réduire ces coûts (et c'est l'objectif auquel tendent tous les dirigeants), il faut se soumettre ou se démettre, travailler autrement ou partir.

La bureaucratie est donc par essence génératrice de surcoûts. Il y a d'ailleurs quelque paradoxe à constater que les organisations claires, soigneusement découpées, aux *process* lisses et sans redondance, bref celles qui obéissent aux canons du management, sont finalement plus onéreuses que leurs homologues, plus floues et en apparence moins ordonnées. Cela se comprend pourtant aisément. La forme bureaucratique du travail a pour objet de protéger contre

---

51. O. E. Williamson, *Markets and Hierarchies: Analysis and Antitrust Implications*, New York, The Free Press, 1975.

les situations de dépendance, mais elle implique pour cela une autonomie qui a pour corollaire une relative abondance des moyens. Ne pas dépendre des autres, vivre en quasi-autarcie dans son segment d'organisation, suppose la réduction *a minima* de la contraignante mutualisation des ressources. Chacun peut expérimenter dans la vie familiale que la multiplication des téléviseurs est encore le meilleur moyen de réduire la conflictualité autour du choix des programmes. Ceci explique pourquoi *la demande de ressources toujours plus abondantes est une alternative à la transformation des modes de fonctionnement*. Cela permet de ne pas toucher aux protections fondamentales du travail issues de la logique bureaucratique des organisations. Les cadres sont en première ligne de cette *supplique implicite*. Car lorsque ces organisations se déstructurent, abandonnent leur formalisme traditionnel, exigent de leurs membres une nouvelle approche du travail, elles le font *par le haut*. Plus on « descend » et moins l'impact est direct, même s'il n'est pas négligeable. Les cadres, eux, ont la responsabilité immédiate du mouvement et sont directement et individuellement comptables de son résultat. Ils ont dans cette affaire perdu leur *autonomie*, leur bien le plus précieux, au profit d'une *individualisation*[52] de leur condition, qui les met dans une situation de vulnérabilité très difficile à supporter vis-à-vis de leurs pairs et de leurs supérieurs. Or c'est cette vulnérabilité qui structure aujourd'hui leur perception du travail, qui les incite à la recherche de stratégies ou d'investissements alternatifs.

On notera enfin que la forme bureaucratique du travail n'a que peu à voir avec la taille des organisations. En d'autres termes, appartenir à une petite entreprise ne donne pas plus de fluidité ou d'adaptabilité qu'être employé dans une grande. Leur tendance à segmenter le monde sur la logique de leurs tâches est la même et les conséquences en sont identiques sur le coût et la qualité. Un traiteur, qui s'organise autour des produits « salés » et des produits

---

52. C. Gadea, « L'évolution des modes d'exercice de l'autorité en entreprise », *Le Bulletin de l'ODC, op. cit.*

« sucrés », raisonne de la même façon que la grande banque qui distingue entre le *front office* et le *back office*. Il le fait parce que les tâches à réaliser ne sont pas identiques, pas plus sans doute que les qualifications pour les accomplir. Ce faisant, il génère des surcoûts – plus de personnels – et une dérive de la qualité perçue du service – la multiplicité des interlocuteurs et donc la perte de temps pour le client – qu'il espère sans doute compenser par une meilleure qualité des produits sur laquelle il a investi tous ses efforts. Mais, comme l'a fait remarquer R. Moss Kanter[53], plus la compétition devient intense et moins le produit différencie les compétiteurs qui offrent tous à peu près le même. Le « facteur clé de succès » réside dans la façon de produire et/ou de proposer le produit, c'est-à-dire dans l'organisation, dans la façon de travailler. Voilà pourquoi le traiteur de quartier aura du mal à résister à la chaîne de production alimentaire industrielle.

Comment et pourquoi s'est effectué ce renversement de logique ? Pour le comprendre, il faut revenir à notre propos initial qui a fait du taylorisme et de la bureaucratie des *formes conjoncturelles d'organisation du travail*. Dès lors que la conjoncture change radicalement, la même radicalité préside au changement des organisations. De l'ère de la protection, on passe à celle de la déprotection. C'est ce que nous avons appelé « la victoire du client ».

L'inversion de la rareté

L'inversion de la rareté donc de la relation de pouvoir entre fournisseurs et clients qui caractérise cette victoire va conduire ces derniers à refuser les externalisations de coût, à la fois conditions et résultats des conforts organisationnels gagnés dans la période précédente. Alors que, dans les années fastes, on pouvait développer un véhicule en cinquante ou soixante mois, il a fallu réduire ce

---

53. R. Moss Kanter *et al.*, *The Challenge of Organizational Change: How Companies Experience it and Leaders Guide it*, New York, The Free Press, 1992.

temps de moitié, améliorer considérablement la qualité et ramener le coût à un niveau qui n'était même pas imaginable quelques décennies auparavant. Les ressources se sont raréfiées, y compris pour les États, puisque le prélèvement sur le client (ou le contribuable) est devenu de plus en plus difficile. D'une situation de dominants, les membres de l'organisation sont passés à celle de dominés. Naturellement, ce mouvement est chaotique et les organisations le retardent autant qu'elles le peuvent. Mais l'actionnaire, qui jusque-là n'avait pas vu d'inconvénient majeur à faire payer le client puisqu'il en tirait une paix sociale bien utile, s'est retourné vers les salariés lorsque ce *deal implicite* n'a plus été acceptable pour les autres acteurs du jeu économique. C'est à ce moment-là que l'organisation, les façons de travailler, sont devenues la *variable d'ajustement* qui a permis de résoudre la contradiction apparemment insoluble entre la nécessité d'offrir toujours plus et mieux pour toujours moins. C'est cela la *remontée du client dans l'organisation*.

En effet dès lors qu'on joue sur les modes de fonctionnement, ce ne sont plus seulement ceux qui font face au client qui sont concernés, mais tous ceux qui participent à la *création de valeur*. Or celle-ci se crée partout, dans tous les actes de l'entreprise. Les « modifs » dans l'industrie automobile sont le résultat de la segmentation entre grandes entités et au sein même de ces entités. Ce sont elles qui détériorent le « QCD » (le rapport qualité/coût/délai) qui est ce que le client achète derrière le modèle ou la marque de son choix. La même observation vaut pour le transport aérien, lorsque British Airways a découvert que ses clients aspiraient à un « voyage sans couture » et a traduit cette demande dans les modalités de travail de ses agents. Ce concept du « sans couture », qui a ensuite été repris par des secteurs d'activité très éloignés du transport aérien, exprime bien la révolution qui s'est produite. L'organisation traditionnelle, celle qui cloisonne puis coordonne, est une succession de coutures productrice de dérives externalisées vers le client. Dès lors, écouter le client n'a plus seulement signifié lui demander ce qu'il voulait, mais traduire sa réponse dans le travail au jour le jour et demander aux cadres d'en assurer la mise en œuvre effective. Ce sont eux qui ont eu à « penser l'impensable », c'est-à-dire des façons de travailler qui ne soient plus déterminées en fonction de leurs contraintes. Ils ont eu, les premiers, à inventer la déstructuration de leurs propres protections. Dans un premier temps au moins, leur capacité d'opposition ou de riposte a été d'autant plus faible qu'ils étaient toujours à la conquête de ce mythe propre à la période précédente : le gouvernement de l'entreprise par « ceux qui savent ». Pour ne pas « décrocher » de leur relation privilégiée à l'entreprise et de leur supposée meilleure compréhension des nécessités de l'économie, ils ont joué l'anticipation et l'exemplarité en espérant à nouveau que le salut viendrait de l'action individuelle (ici, la performance). Ça n'a pas été le cas et même si nous ne connaissons pas la fin de cet épisode de l'histoire des entreprises, tous s'accordent à constater que pour le moment la souffrance l'a emporté sur la récompense.

CHAPITRE III

Les errements
du management

Le travail s'est ainsi déstructuré pour les cadres comme pour les autres catégories. Personne n'a été épargné, sauf peut-être les *Knowledge Workers*[54], ceux qui peuvent quitter le salariat et, grâce à leurs connaissances et à leurs qualifications, décider seuls de leur sort et de leurs conditions de travail. Mais ils constituent une telle minorité par rapport à la masse des cadres qu'on ne peut considérer leur existence comme une alternative crédible aux situations qui viennent d'être décrites.

Comment les entreprises et leurs dirigeants ont-ils géré cette situation *systémique* d'une économie qui se globalise, entraînant une révolution du travail qui prive *de facto* la grande masse des cadres de ce qui faisait le socle de leur attachement à leur employeur et de leur autonomie dans le travail? Quel impact les décisions managériales ont-elles eu sur cette situation? En ont-elles atténué les effets? Ont-elles ouvert des alternatives? Se sont-elles contentées d'en prendre acte? Voire, en ont-elles aggravé les conséquences?

Quelques voix se sont élevées pour affirmer que la seule richesse des organisations, ce sont les hommes qui y travaillent,

---

54. P. F. Drucker, *Management Challenges for the 21st Century*, New York, Harper Business, 1999.

leur *capital humain*, et que l'on ne pouvait pas laisser dériver au fil de l'eau les conditions du travail sous peine d'un réveil d'autant plus brutal qu'il serait tardif[55]. Mais, hormis ces quelques cas, on en est resté au mieux aux déclarations d'intention et plus souvent à la négation ou à l'ignorance de la véritable dimension du problème. Cela s'est traduit, de la part des organisations patronales mais aussi des responsables politiques, par une dérive du débat, qui est passé du thème du *travail* à celui de la *valeur travail*. On comprend pourquoi : si c'est le travail lui-même qui est en cause, c'est la responsabilité de celui qui le définit et l'organise qui est interpellée ; s'il s'agit de la *valeur travail,* la question est renvoyée aux individus qui en sont les porteurs. Disserter sur la *détérioration de la valeur du travail*, c'est considérer que ce sont les hommes qui ont changé et non le contexte dans lequel ils évoluent, ou, pour utiliser une image, que le poison de Mai 68 a été bien plus violent et décisif que l'impact de la mondialisation sur les organisations ! Bref, c'est inverser la cause et l'effet tant on sait qu'en matière d'action collective les hommes n'ont pas les comportements de leurs valeurs mais plus souvent les valeurs de leurs comportements[56].

Renvoyer à eux-mêmes ceux qui travaillent en général et les cadres en particulier est cohérent avec l'attitude constante des entreprises qui ont de tout temps esquivé la dimension collective de ces problèmes. C'est ce qu'ont déjà mis en évidence aussi bien les organisations syndicales que les spécialistes du stress des cadres. La *médicalisation* de la question du mal être ou de la souffrance la resitue dans le domaine du traitable, mais sur un autre plan que celui de la gestion des organisations, de la responsabilité du chef

---

55. C'est le cas de Robert Waterman ou encore de Michel Crozier. Voir R. H. jr Waterman, *What America Does Right*, New York, Plume-Penguin, 1995. M. Crozier, *l'Entreprise à l'écoute*, Paris, InterÉditions, 1994.

56. La théorie de la rationalité limitée permet de comprendre à quel point le débat sur les valeurs occulte la vraie dimension de la question du travail. Voir J. G. March et H. A. Simon, *Organizations*, New York, J. Wiley, 1958.

d'entreprise. On peut y voir le signe d'un profond désarroi devant un phénomène qui inquiète mais face auquel on est démuni. L'explication de ce phénomène n'est pas unique. Elle réside pour une bonne part dans la relative stérilisation des sciences sociales anglo-saxonnes, qui nourrissent les théories et les pratiques managériales qui se sont répandues dans le sillage de la globalisation, via les *business schools*[57]. Aux États-Unis en particulier, qui ont en la matière un véritable *leadership*, les sciences sociales sont devenues depuis les années soixante à la fois quantitatives et modélisatrices. Plutôt que de chercher à rendre compte de la complexité croissante des phénomènes collectifs liée à la multiplication des interactions, elles ont voulu réduire cette complexité soit en *mesurant* soit en *catégorisant*. Mais surtout, en cherchant simplement à *décrire* et à classer ce qui est observé dans des modèles pourtant toujours plus sophistiqués et donc toujours plus éloignés de l'expérience vécue, elles ont abandonné leur vocation à élaborer des outils propres à la construction de la connaissance. La substance quantitative abstraite l'a définitivement emporté sur le raisonnement.

Ce débat ne nous intéresserait pas beaucoup si les disciplines du management n'en avaient été profondément affectées. Elles ont suivi la même pente et, au lieu de donner aux cadres des capacités de compréhension et donc d'action[58], elles leur ont proposé des modèles de comportements, d'organisation, de management qui ont fini par fluctuer au gré des *modes managériales*. Ceci a eu deux conséquences. La première est d'avoir enfermé les cadres dans des

---

57. Il est intéressant de noter que les *business schools* se sont «dualisées». On y trouve d'un côté une *standing faculty* dont l'activité principale est la recherche. Cette recherche fonctionne en circuit fermé, coupée du public naturel de l'école que sont les cadres et les entreprises. Ses critères de gestion sont les publications dans des revues sur-spécialisées qui ne sont lues que par les pairs. Le milieu est devenu endogamique et se protège ainsi du marché. D'un autre côté, comme il faut bien vivre, on y fait de l'"executive education" pour les cadres, mais en achetant à l'extérieur l'immense majorité de ce qui est enseigné. C'est peu de dire qu'il y a là l'aveu d'une inadaptation.

58. Sur cette discussion, voir C. Argyris, *Savoir pour agir. Surmonter les obstacles à l'apprentissage organisationnel*, Paris, InterEditions, 1995.

logiques à la Orwell, où chacun répète ce qu'il est de bon ton de dire ou de faire, mais sans y croire outre mesure. Alors qu'il aurait fallu inventer, être ouvert et créatif pour faire face à une situation nouvelle, c'est le « managérialement correct » qui l'a emporté. La seconde est d'avoir sérieusement entamé la crédibilité du management lui-même, en tant que discipline se proposant comme objet le pilotage des ensembles humains, renforçant à la fois le peu d'empressement des dirigeants à prendre ce problème du travail à bras-le-corps, la frilosité d'une partie des cadres et les stratégies de retrait de la majorité d'entre eux.

Les désillusions de la formation permanente

Cela explique pourquoi la formation permanente des cadres, dans laquelle tant d'espoirs avaient été placés, n'a fait qu'accentuer ces dérives et n'a pas rempli sa mission d'*empowerment*[59]. La relation étroite entre les sciences sociales à dominante anglo-saxonne et les disciplines du management a placé la formation dans une véritable situation de contresens. Elle est devenue normative, s'intéressant bien davantage au « ce qu'il faut faire » qu'au « comment comprendre ». Les différentes disciplines qui la composent ont élaboré des modèles prescriptifs dont le simplisme est parfois confondant quand on le compare à la complexité des situations réelles. Les « jeux » et les « simulations » y ont pris une place d'autant plus importante que leur dimension ludique permet de faire oublier leur lien bien ténu avec la réalité. Ainsi peut-on mettre, le temps d'un stage, des participants « aux commandes de l'économie britannique », leur demander d'arbitrer entre inflation, croissance, emploi, etc., toutes choses qui ont peu à voir avec leurs problèmes quotidiens.

---

59. Terme intraduisible et ambigu du management moderne. Ici : le fait de transmettre la capacité à comprendre pour accroître la capacité à agir.

La même tendance a pu être observée autour de l'enseigne-
ment des «bonnes pratiques». L'idée originelle est intéressante :
apprendre à travers ce qu'ont fait les autres. Les entreprises se sont
donc dotées, y compris en utilisant des technologies sophistiquées,
des moyens de capitaliser ce savoir empirique[60]. Elles ont été généralement déçues des résultats. Ce qui a créé confusion et désillu-
sion, c'est la transmission de données brutes, supposées représenter ce qui peut être répliqué de façon mécanique. Une «histoire»
est intéressante... comme toutes les histoires, mais elle n'a de sens
que *toutes choses égales par ailleurs*. Et justement, d'un point de vue
pratique, les choses ne sont pas égales par ailleurs. Si l'on ne donne
pas à ceux qui écoutent ces histoires de sérieuses capacités d'ana-
lyse et d'interprétation, non seulement on se condamne à l'échec,
mais on crée un véritable sentiment de culpabilité pour ceux qui
s'essaient à l'imitation et n'obtiennent pas les mêmes résultats. De
ce point de vue, la fascination pour Jack Welsh[61], véritable icône
du management, constitue un archétype de cette dérive : on invite
chacun à suivre ses méthodes, tout en soulignant à quel point il
est unique.

Il s'est alors créé une sorte de «deal implicite» entre les
organismes de formation et les cadres autour de la minimisation
du risque : la «socialisation» (c'est-à-dire les évènements convi-
viaux) prend une place toujours plus importante dans le déroulement des journées et en contrepartie les enseignants peuvent développer des approches abstraites et «packagées». Avec le recul, on
comprend que cela participe du mouvement général de désen-
chantement et de retrait des cadres, conscients que ce n'est pas là
qu'ils trouveront une réponse à la détérioration de leur situation.

Cela a conduit la formation permanente à la dérive consu-
mériste qui la caractérise aujourd'hui. Comprenant qu'elle était un
«business» comme un autre, et qu'en même temps ils n'avaient

---

60. Le *knowledge management* dans le langage convenu.
61. Emblématique ex-patron de General Electric.

que peu à en attendre d'un point de vue pratique, les cadres ont cherché à minimiser « l'effort de l'apprentissage inutile ». D'autant que les entreprises ayant compris la même chose n'ont pas hésité à utiliser les moyens modernes de communication (téléphones mobiles, ordinateurs) pour leur faire accomplir une « double journée ».

Le débat autour de la formation permanente des cadres est de même nature que celui qui oppose ceux qui veulent donner des poissons à ceux qui veulent apprendre à pêcher. Moins ces cadres ont d'outils leur permettant de comprendre et donc de gérer les nouvelles complexités organisationnelles, plus ils sont fragiles et dépendants. Le cercle vicieux ainsi créé pénalise l'entreprise elle-même ; car ceux qui sont mis dans une telle situation ont le choix entre adopter une stratégie de « distance » vis-à-vis de solutions toutes faites dont ils ne voient pas bien l'intérêt pratique, ou se réfugier dans des comportements bureaucratiques et routiniers dont ils n'attendent aucun résultat positif. C'est une forme de *résistance passive*[62].

La fascination pour les structures

Pour s'adapter, les entreprises ont commencé par ce qui leur paraissait le plus simple, le plus concret et le plus évident : elles ont changé leurs *structures*. Avec l'intuition que le nouveau contexte de « victoire du client » exigeait des cadres qu'ils abandonnent leur orientation « monologique » antérieure, confortable pour eux mais inadaptée aux exigences de qualité et de coût, elles ont mis en place des structures destinées à les obliger à prendre en compte plusieurs

---

62. C'est en particulier ce qui explique que la recherche de la « qualité totale » se soit heurtée à bien des difficultés. Elle s'est faite à travers des procédures très standardisées et parfois extrêmement contraignantes. En même temps, pour réussir, elle nécessitait une bonne volonté que tous les cadres n'ont pas affichée. Les pressions qui se sont alors exercées sur eux pour « compenser » n'ont fait que renforcer leurs comportements bureaucratiques.

dimensions, même et surtout si elles sont contradictoires. Dans les années soixante, les polémiques managériales mettaient face à face ceux « du siège » et ceux « des usines ». Mais elles opposaient des individus différents qui défendaient chacun un point de vue partisan. Il s'agissait d'un conflit « normal », faisant partie du rituel initiatique à la vie de l'entreprise, dont tout le monde s'accommodait sans stress particulier, les acteurs changeant de rôle au gré de leurs mutations dans l'une ou l'autre de ces sphères. Avec les « structures matricielles[63] », on est à la fois le siège et l'usine, le produit et le pays, le fabricant et le commerçant. Il appartient à l'acteur de composer directement avec les autres parties de lui-même. Pour forcer le trait, on peut considérer que ce que l'organisation taylorienne segmentée répartissait entre les divisions, les départements, les fonctions, se trouve aujourd'hui devoir être représenté et intégré par un seul acteur. Ce n'est ni facile ni confortable.

De façon identique, dans les fonctionnements « par équipes projets » ou « transversaux », doit-on faire siens à la fois le point de vue du métier dont on est issu et les nécessités du projet sur lequel on travaille ponctuellement. Ceci peut être présenté de façon idéalisée et positive comme une démarche d'ouverture aux autres ou d'apprentissage de nouvelles compétences. Mais lorsqu'on le traduit en termes de confort au travail et de protection organisationnelle, on comprend la profondeur et la dureté de la remise en cause induite par ces évolutions. Non seulement a-t-il fallu « penser l'impensable », concevoir qu'il n'y ait pas une logique unique qui puisse présider à la construction d'une organisation (à savoir la simple reproduction des tâches à accomplir), mais il a aussi fallu faire le constat que protéger les salariés de situations conflictuelles dures ne pouvait plus être la vocation première de ces organisations. Or, nous travaillons pour être protégés, à tous les sens du terme.

---

63. On appelle ainsi les organisations qui « croisent » en leur sein deux ou plusieurs lignes de *reporting* : un cadre dépendra ainsi à la fois d'une unité géographique (pays, région) et d'une unité d'affaire (type de produit)

C'est donc pour les cadres *le sens même du travail* qui s'est trouvé remis en question, eux qui avaient fait de cette protection la contre-partie fondamentale de leur fidélité et de leur attachement à l'entreprise.

Les nouvelles structures mises en place ont en même temps tendu à isoler toujours davantage les cadres, les prenant en quelque sorte à leur propre piège, celui de l'individualisme et de la comparaison. La gestion publique nous avait déjà amplement montré qu'en période de raréfaction des ressources, la tendance naturelle des dirigeants est de se tourner vers la décentralisation ; celle-ci est un moyen commode de confier à d'autres la gestion de la pénurie, moins agréable que la distribution de ressources abondantes. Les entreprises n'ont pas échappé à la règle. Non seulement les fonctions centrales se sont réduites, mais la gestion des risques a été transférée dans les « business units[64] ». Là, le cadre en charge d'un produit ou d'une zone géographique assume la *responsabilité individuelle* du résultat de son unité. Il est évalué et rémunéré sur ce résultat, la tendance étant de donner une importance toujours croissante à la part variable de cette rémunération, au travers de « bonus » dont les calculs se compliquent chaque année davantage. Mais en même temps, penser que le responsable d'une « unité d'affaire » a entre ses mains le contrôle de tout ce qui concourt à la marche de cette unité et donc de ce qui va servir au calcul de sa rémunération variable est illusoire. Cela supposerait une situation d'autonomie parfaite, d'autosuffisance, qui bien sûr ne peut pas exister compte tenu des interdépendances propres à toute organisation, mais aussi parce que *les entreprises ne le souhaitent pas*. Elles veulent à la fois « responsabiliser leurs cadres » – remarquable euphémisme managérial – sur le résultat, mais garder le contrôle sur l'investissement et plus généralement sur l'allocation des ressources.

---

64. D. Courpasson, « Usage de la contrainte par le management contemporain », *Le Bulletin de l'ODC, op. cit.* Et, dans le même numéro, Y.-F. Livian, « La violence insidieuse des outils de management ».

Cela pose la question de la validité et de l'honnêteté de l'évaluation et de la rémunération des cadres sur la base de critères purement *économiques*, comme l'EVA par exemple[65]. Non seulement cela les met dans une situation de dépendance extrême par rapport à des éléments qu'ils ne contrôlent pas, mais encore cela change les règles du jeu. Jusque-là en effet, même si la performance économique n'avait jamais été totalement absente du jugement porté sur les cadres, à l'exception notable de ceux de la fonction publique, elle avait généralement été nuancée par la prise en compte de la *performance sociale*. On entend par là la capacité de l'acteur à *jouer le jeu collectif*, à se mouvoir dans les différents réseaux autour desquels se structure la vie de l'entreprise, à faire preuve d'une forme de *citoyenneté active*, impliquant retenue et solidarité. Les nouvelles formes d'organisation substituent à ce modèle un nouveau schéma, basé sur la concurrence exacerbée et la confrontation. C'est à la «disparition des solidarités durables[66]» que l'on assiste, sans que de nouvelles régulations des relations ne soient proposées. À nouveau, on constate la remise en cause de l'échange fondamental qui unissait le cadre à son entreprise, sans que le premier n'ait eu son mot à dire dans la redéfinition des termes du contrat. Si l'implicite et le non dit pouvaient se plaider devant les tribunaux du travail, ceux-ci ne pourraient que constater la rupture unilatérale de ce contrat.

La vacuité du discours managérial

Plus grave encore : il est rapidement apparu que la seule modification des structures, des règles et des procédures, était par elle-même insuffisante à produire de véritables changements orga-

---

65. "Economic Value Added". Pour simplifier, la valeur que le responsable a fait prendre à l'investissement initial que lui a confié l'entreprise.
66. D. Courpasson, « Usage de la contrainte par le management... », art. cité.

nisationnels, c'est-à-dire une transformation radicale et durable des comportements au travail. Compte tenu de l'enjeu de ces changements en termes de protection et de conditions du travail, les acteurs ont résisté autant qu'ils ont pu et les entreprises ont dû se confronter plus directement à la question essentielle du management : comment obtenir des gens qu'ils fassent ce que l'on souhaiterait qu'ils fassent ? Les errements de la pensée managériale sur cette question cruciale n'ont fait qu'amplifier la pression pesant sur les cadres et donc à la fois leur désarroi et leurs tentatives pour y échapper.

L'incantation et l'appel au bon sens ont pris dans le discours managérial une part d'autant plus importante que les entreprises constataient les difficultés qu'elles avaient à obtenir bonne volonté et engagement. S'appuyant sur l'identification traditionnelle des cadres à la direction, mais ne se rendant pas compte que le rêve était en train de se dissiper sous les coups de boutoir de la mondialisation, elles ont tenu un discours *inclusif*. Qui, tout en ayant comme souci premier la performance de son entreprise dans un univers de plus en plus concurrentiel, pourrait ne pas adhérer à cette nécessité de satisfaire à tout prix le client ? Comme toujours dans un tel cas, le discours porte sur l'aspect premier et évident de la question. Il en gomme les *effets systémiques*, ceux qui portent sur les conséquences induites, en particulier sur le travail. Vu sous cet angle, *l'évidence* devrait l'emporter sur la *conséquence* et plus prosaïquement l'intérêt général, celui de l'entreprise, devrait primer sur les intérêts particuliers, ceux des individus qui la composent.

C'est quand ces intérêts deviennent par trop divergents que s'effectue cette découverte traumatisante pour les dirigeants : dans les organisations, *le discours du bon sens n'est pas forcément un discours qui a du sens*. Quoi qu'on en pense, la rationalité de l'entreprise est tout aussi limitée et contextuelle que celle des différentes catégories de salariés. Tant que l'abondance des ressources ou l'existence d'un tiers payant permet d'externaliser les coûts de l'arrangement entre les parties, tout va bien. Dès que change la donne, que les termes de la domination s'inversent et obligent à une réinternalisation de ces coûts, l'antagonisme des intérêts refait surface. Cela devient aigu si aucune des deux parties, en l'occurrence celle qui a besoin de la bonne volonté de l'autre, ne cherche à recréer d'une façon ou d'une autre une communauté d'intérêt, même *a minima*. En l'occurrence, ce que l'on appelle le «bon sens» est l'expression d'*une* rationalité, pas de *la* rationalité. Chaque acteur en interprète les implications par rapport à sa propre réalité. Si le contenu du discours qui lui est tenu est contradictoire avec ses intérêts, soit il le considérera comme abstrait et éloigné de son expérience, soit il le vivra comme culpabilisateur et porteur de pression. Demander à des vendeurs qui tirent tout leur pouvoir et donc leur autonomie du monopole qu'ils ont sur la «relation clients», de partager cette relation avec le reste de l'organisation au motif que la situation ne permet pas «d'optimiser la performance de l'entreprise», cela revient à exiger d'eux qu'ils renoncent à leur principale ressource. Non seulement ils ne le feront pas, sauf à ce qu'on ait négocié et trouvé *avec eux* une alternative acceptable, mais encore le discours «messianique» du dirigeant ne fera qu'accroître le fossé qui le sépare de ses salariés. Lorsque ceux-ci jouissaient traditionnellement d'une proximité particulière à l'entreprise, lorsqu'ils étaient partie prenante de «*sa* rationalité», comme ce fut le cas pour les cadres, le divorce n'en est que plus conflictuel. L'intensité de l'amour antérieur exacerbe la déception qui suit.

Les «modes managériales» qui se sont développées ces trente dernières années, appuyées sur un vocabulaire ésotérique dont le sens réel échappe à ceux à qui il est destiné et qui doivent parfois l'expliquer aux autres, ont eu le même effet. Dans leur effort pour rassembler les troupes autour des mêmes objectifs, mais aussi et surtout pour obtenir d'elles des comportements différents, les entreprises publient des chartes, affichent des visions, proclament des valeurs, sans jamais chercher à en vérifier la compatibilité avec les situations réelles de ceux qui doivent y adhérer. Il en résulte cacophonie et incompréhension, car les résultats escomptés sont rarement atteints : telle entreprise aura fait de la « qualité totale » l'axe fondamental de sa stratégie et se révélera *in fine* celle qui obtient les résultats les plus décevants en la matière ; telle autre proposera de redéfinir sa « proposition de valeur », traduction littérale d'une expression anglo-saxonne dont on a pu vérifier que rares sont ceux pour qui elle prend une signification précise. La rhétorique managériale finit même par adopter des formulations à ce point vides de contenu *qu'elles n'ont pas de contraire*. Avoir l'ambition d'être le leader est engageant, mais qui souhaite adopter la posture du suiveur ? Être le champion de l'excellence est sans doute motivant, mais qui rêve d'être celui de la médiocrité ? Non seulement les mots mais aussi la parole elle-même perdent leur sens, générant chez ceux qui écoutent à la fois cynisme et désarroi.

Les limites du volontarisme

Lorsque les acteurs ne se plient pas au supposé bon sens ou aux slogans, lorsque l'écart entre les mots et la réalité qu'ils décrivent devient trop important, la tendance des organisations est de recourir à la pression, en usant d'un *volontarisme* devenu omniprésent dans le management moderne. On entend par là la pratique qui consiste à expliquer aux acteurs, ici les cadres, *ce qu'ils devraient faire* sans se soucier de savoir s'ils ont les moyens *organisationnels* de le faire. Il en résulte un cercle vicieux auquel les cadres n'échappent qu'en sortant du jeu lui-même.

Toute action de gestion, explique-t-on dans les écoles de management, comporte deux volets : la décision et sa mise en œuvre. La première revient aux dirigeants que la presse spécialisée a adoubés dans cette fonction en les dénommant « décideurs » ; la seconde est sous-traitée aux « autres », leurs « collaborateurs ». La première est supposée complexe et réservée à une élite informée et capable, la seconde est réputée routinière et mécanique. La réalité est tout autre. Nous ne parlons pas ici des grandes décisions stratégiques qui sont finalement assez rares et face auxquelles, il est vrai, les dirigeants sont placés dans une situation de risque maximal. Cette situation est à ce point exceptionnelle que lorsqu'un dirigeant s'y «brûle les ailes», il fait la une des journaux. Mais dans la vie quotidienne de l'entreprise, c'est bien la mise en œuvre des multiples décisions qui y sont prises qui est complexe et risquée. C'est elle qui concrètement implique qu'on agisse sur les autres, qu'on obtienne quelque chose d'eux, ce quelque chose n'ayant plus que très rarement un contenu positif pour ceux qu'il concerne. Face à cette tâche difficile, le découplage entre décision et exécution permet de décider sans véritablement s'investir dans l'évaluation des possibilités réelles de traduire cela en actes, ni des conditions qui seraient nécessaires pour le faire. Il fut sans doute un temps où ce qui était dit, par définition, était fait. Mais avec la pression qui ne cesse de s'accroître sur les individus, ceux-ci demandent des comptes. Non seulement il faut expliquer et justifier la décision, en démontrer le bien fondé au moins pour l'entreprise, mais il faut avoir *les moyens* – ce que l'on appelle les leviers en langage gestionnaire – de la faire appliquer. Dès lors que le simple rapport hiérarchique est insuffisant pour *imposer* aux acteurs de faire ce qui a été décidé, la question qui est posée est celle du *pouvoir,* c'est-à-dire de la capacité à négocier et à obtenir des autres acteurs qu'ils fassent ce qu'on leur demande de faire.

Or cette dimension, pourtant fondamentale dans la vie des organisations et dans l'exécution des tâches qui sont confiées aux cadres, a été peu à peu occultée dans l'entreprise. La raison en est sans doute qu'elle suppose un raisonnement *systémique*, complexe, qualitatif, peu en ligne avec ce que nous avons observé des disciplines du management et plus généralement avec les types de formation reçue par les dirigeants. Sous l'influence anglo-saxonne, on lui a substitué le discours sur le *leadership* qui, comme celui sur la «valeur travail», renvoie aux caractéristiques des individus et non à celles du système dans lequel ils agissent. Si la littérature sur le *leadership* se développe depuis quelques années d'une façon implacable et envahissante, c'est qu'elle est une pièce importante du mécanisme d'*individualisation* auquel les cadres sont confrontés. Les organisations se *défaussent* sur eux de leur non-investissement dans la connaissance et la reconnaissance de la réalité telle qu'elle est, à la fois dans sa complexité mais aussi dans la dureté de ce qu'elle exige des hommes. Elles ont attribué à leurs cadres des titres et/ou des responsabilités comme les colonisateurs offraient de la verroterie aux populations à coloniser. Mais le fer-blanc n'est pas l'or et le grade n'est pas le pouvoir.

Celui-ci peut se définir comme une capacité de contrôle soit sur ceux dont on doit obtenir quelque chose soit sur l'organisation elle-même. Or, la victoire du client a déplacé les lieux de pouvoir de la hiérarchie taylorienne vers ceux où s'élabore ce que le client percevra, c'est-à-dire vers ceux qui *réalisent*. De fait, tous ceux qui occupaient jusque-là des fonctions d'*intermédiation* se sont trouvés progressivement démunis de pouvoir réel. C'est une espèce de tenaille qui s'est refermée sur eux : d'un côté, ils se sont accrochés à cette fonction d'intermédiation qui est leur raison d'être et, de l'autre, le pouvoir réel a glissé vers le « bas », en même temps que la pression s'accroissait sur eux pour qu'ils mettent en œuvre ce que d'autres avaient décidé. C'est presque un mécanisme « d'expulsion » que nous sommes en train de décrire.

Déjà privés des ressources matérielles qui leur ont longtemps permis d'acheter la bonne volonté de ceux qu'ils encadraient, les cadres se sont vus confier des missions d'intégration transversale toujours plus difficiles à réaliser : la transversalité est à la fois pour les acteurs une perte d'autonomie et une remise en question des protections traditionnelles du travail segmenté. Or ces cadres disposent de moins en moins des ressources organisationnelles nécessaires à l'accomplissement de cette mission, celles qui se matérialisent par la détention d'un pouvoir réel. Eux-mêmes font un *contresens hiérarchique* qui témoigne de leur désarroi : lorsqu'ils se voient attribuer une responsabilité délicate dans un nouveau mode de fonctionnement, leur réaction est de poser la question « à qui je rapporte ? ». Ils expriment ainsi leur extrême sentiment de solitude et leur espoir qu'une relation étroite avec une autorité supposée leur donnera quelques possibilités supplémentaires pour accomplir ce qui leur est demandé. La bonne question serait « est-ce que je contrôle quelque chose d'important ? ». Mais elle ne fait pas partie du registre managérial dominant. On peut alors comprendre le découragement de cette population qui pour se protéger se retire d'un jeu perdant pour elle.

L'impact négatif
des outils de gestion

Ces nouvelles situations de travail devraient s'exprimer à travers les outils qui sont mis en œuvre pour les gérer, en particulier ceux qui servent à l'évaluation des cadres, à leur rémunération et à leur promotion. Pour assurer un minimum de *cohérence*, ces outils devraient garantir une mesure et une rétribution de la performance aussi alignées que possible sur ce qui leur est demandé. Ceci peut se concevoir comme la contrepartie naturelle à l'individualisation croissante de leur condition. Mais cette formulation permet de saisir la contradiction dans laquelle les entreprises se sont peu à peu enfermées. Comment pourrait-on traduire au travers des mêmes outils, l'impératif de coopération et de transversalité tel qu'il s'impose aujourd'hui pour satisfaire le client, *et* cette individualisation ? Il faut à la fois mesurer un résultat personnel *et* donner la priorité à la capacité d'action collective. Quelle que soit la sophistication des méthodes, la tâche est ardue. La confusion qui en résulte est moins celle des outils que celle des demandes adressées aux cadres. Simplement, ce sont ces derniers qui sont à la jonction des deux. Jugés sur des critères de performance dont la réalisation est loin de ne dépendre que d'eux-mêmes, ils ne savent plus très bien sur quoi ils sont évalués et sans doute les entreprises ne le savent pas non plus. Mais, sous l'apparence de clarté, de sérieux et d'honnêteté des indicateurs utilisés, il en découle une gestion très *politique* des cadres que l'on retrouve à nouveau dans une situation de dépendance croissante. « Les cadres sont aujourd'hui incapables de comprendre les critères selon lesquels ils sont jugés. Cette ignorance va constituer pour celui qui sait (celui qui maîtrise l'outil d'évaluation) un enjeu de pouvoir : la technicité apparente, l'objectivité affichée, se retournent ainsi en un phénomène de nature politique, relevant de ce qui pourrait s'apparenter au mieux à un déséquilibre dommageable, au pire à un rapport de force. Et, à tout le moins, à de la contrainte[67] ». Sous réserve de n'y voir aucune manipulation obscure, mais plutôt une sorte d'*errance partagée*, ce propos reflète la réalité de la situation de la grande masse des cadres.

Le déficit de cohérence entre ce que l'on attend d'eux et ce sur quoi ils sont évalués peut se comprendre dans l'univers de plus en plus complexe et contraint des entreprises. Cela n'en est pas moins déroutant et porteur d'insécurité pour eux. Ce qui est en place, c'est un mécanisme assez classique d'*externalisation* vers le bas des contraintes non maîtrisées de l'environnement : les entreprises sont condamnées à vouloir le beurre et l'argent du beurre, à demander à leurs cadres de s'investir dans des projets transversaux à moyen ou long terme, mais la pression des marchés et de la concurrence les conduisent à un pilotage serré, l'œil rivé sur les résultats financiers à très court terme. Pour être sûr que tout est fait, y compris une chose et son contraire, elles multiplient les « KPI[68] », même s'ils se révèlent contradictoires entre eux et incohérents par rapport à la stratégie générale qui a été dessinée. Dans bien des entreprises, personne n'est en mesure d'avoir une vue d'ensemble de ces *systèmes de gestion*. Ils naissent au gré des nécessités ponctuelles et s'empilent les uns sur les autres. Le modèle général est partout le même : on ajoute et on retranche rarement. Devant

---

67. D. Courpasson, « Usage de la contrainte par le management… », art. Cité. Jean-Paul Bouchet, de la CFDT-Cadres, écrit pour sa part : « Le cadre, en effet, est de plus en plus souvent jugé sur des critères qu'il ne comprend pas… Il est souvent jugé sur des principes qui lui échappent. » (J.-P. Bouchet, « Quelques exemples de violence insidieuse », *Le Bulletin de l'ODC, op. cit.*).

68. Key Performance Indicators.

les situations incontrôlables ainsi créées, tous ceux qui ont une parcelle de pouvoir formel se « couvrent » et multiplient les critères, les ratios et les indicateurs, générant encore plus de confusion.

Un seuil a été franchi, entre la condition des cadres des années soixante, travaillant dans des organisations définies par eux et pour eux, et celle qui est la leur aujourd'hui : laminés par les logiques combinées du client et de l'actionnaire, travaillant dans des univers de plus en plus contraints, ils sont et ils se vivent abandonnés par des dirigeants obsédés par le court terme. Comme le général de Gaulle, ces derniers espèrent qu'en désespoir de cause « l'intendance suivra ». C'est de moins en moins le cas.

Néanmoins rien n'est écrit. Les situations qui viennent d'être analysées et les nouvelles organisations qui se font jour sont, comme le taylorisme, contextuelles. Elles ne sont pas la « fin de l'histoire » de l'entreprise, de même qu'elles ne disent rien sur le sens que prendront les évolutions futures.

Il est au moins un élément du diagnostic qui permet de laisser la question ouverte. L'explosion des organisations traditionnelles s'est faite autour de l'exigence accrue de qualité et de réduction des coûts. Cette logique est devenue obsessionnelle et elle s'est parfois substituée à toute autre vision stratégique, jusqu'à faire oublier la notion de croissance. L'instinct de survie l'a alors emporté sur celui de conquête et les entreprises sont devenues *défensives,* voire *anorexiques :* « Qu'il s'agisse de *downsizing,* du *reengireering,* du *rightsizing* ou de tout autre concept managérial à la mode, la finalité reste toujours la même : une entreprise "anorexique" et à l'effectif décimé [...]. Pourtant ces stratégies demeurent hasardeuses, et nombreuses sont les études [qui] le montrent. Ainsi, seules "45 % des sociétés ayant pratiqué une rationalisation d'activité font état d'une amélioration de leur résultat d'exploitation". Plus grave encore, les deux tiers des entreprises ayant mené ce type d'opération "ont ensuite réalisé au moins deux opérations supplémentaires de compression d'effectif[69]". » *L'entreprise anorexique* marque la limite de l'exercice à défaut d'indiquer pour le moment un réel retournement de tendance. Elle indique qu'il y a une masse critique en dessous de laquelle c'est l'existence de l'entreprise qui est remise en question. En outre, l'anorexie consiste aussi à ne plus rien offrir de positif à ceux qu'on emploie, surtout quand on s'octroie la facilité de penser qu'ils vous sont de toute façon acquis. Et il est vrai que personne ne sait où est la limite des phénomènes de déprotection, à tel point qu'Henri Vacquin a pu écrire : « Le travailleur n'est plus réduit à vendre sa force de travail, mais à acheter son emploi[70]. » Même Karl Marx ne l'avait pas envisagé !

Sans doute ce cycle s'arrêtera-t-il un jour et la question de la croissance refera-t-elle surface dans les préoccupations *effectives* des entreprises. En ce début de siècle, le suivi attentif de la littérature managériale montre une réapparition des « stratégies de croissance ». Pour mener à bien cette reconversion, il faudra bien s'appuyer sur les cadres, même « reconfigurés ». La question qui se posera alors aux entreprises et à leurs dirigeants sera de savoir s'ils peuvent encore compter sur cette population et autour de quel *deal* pourra être acceptée la nouvelle allégeance.

69. A. B. Ellyas dans *Le Monde diplomatique*, janvier 1997. Les citations entre guillemets sont tirées de D. Gertz, J. Baptista, *Croître : un impératif pour l'entreprise*, Paris, Village Mondial, 1996.
70. H. Vaquin, « Emplois à vendre », art. cité.

CHAPITRE IV

Que faire ?

Que faire face à la rupture de l'équilibre social qui caractérisait la relation des cadres à leur entreprise ? Cette question se présente sous différentes facettes. D'une part, il faut comprendre ce que font les acteurs eux-mêmes, s'ils réagissent ou non, si les entreprises cherchent des solutions, et les cadres, des alternatives à la déprotection organisationnelle. Car ce phénomène a ceci de spécifique que son traitement ne relève ni de la loi ni de la création de « systèmes » généraux, impulsés par les pouvoirs publics. Il n'existe pas de sécurité sociale des organisations, même publiques. C'est donc l'observation des pratiques, sur un temps suffisamment long, qui doit permettre de comprendre quelles sont les stratégies induites par les changements progressifs et diffus des façons de travailler. Enfin il est important de se souvenir que ces stratégies n'impliquent pas que les acteurs eux-mêmes en aient conscience : il n'y a de complot ni d'un côté, ni de l'autre, mais des ajustements spontanés à des situations complexes.

D'autre part, il faut s'interroger sur la possibilité même de *faire quelque chose*, de gérer autrement − voire de gérer tout court − des évolutions dont les acteurs peuvent penser qu'elles dépassent assez largement le champ de leurs responsabilités. Dans un tel cas, les uns ont tendance à accroître la pression et les autres à se

« cacher ». Mais ce jeu est rapidement « perdant ». Aussi devient-il vite nécessaire de chercher des possibilités plus dynamiques et plus ouvertes pour redéfinir une « offre de travail ». Cette nouvelle offre, tout en prenant acte du monde tel qu'il est et en *s'appuyant sur cette réalité* permettrait de rebâtir le contrat qui unit une entreprise à ses salariés, ici les cadres.

On pourrait objecter qu'il faut laisser faire le « marché » et que les réalignements se produiront d'eux-mêmes ; qu'il s'agit, sur le long terme, d'un ajustement nécessaire et inévitable de la structure des groupes sociaux qui composent les univers de travail ; qu'intervenir dans ce domaine reviendrait à livrer un combat d'arrière-garde. En réalité, ce débat est assez vain : nous savons bien que le coût humain du changement au fil de l'eau est toujours plus élevé que celui du changement accompagné[71]. La question n'est donc pas de chercher à modifier le cours de l'histoire, mais de rendre son déroulement moins pénible et moins coûteux, tant humainement que financièrement.

La reconstitution de bureaucraties locales

D'un point de vue macrosociologique, les cadres désinvestissent le monde du travail[72] et se retirent du jeu. Mais il leur faut pourtant vivre au quotidien dans ces organisations devenues si exigeantes. Aussi essaient-ils d'être moins exposés, de reconstituer autant que possible ce minimum de protection qui permettra à un univers de travail dégradé de demeurer néanmoins vivable. Dans ce dessein, ils développent une stratégie de « résistance passive[73] », en utilisant la fragilité et la non-maîtrise de ces nouvelles organi-

---

71. F. Dupuy, *Sociologie du changement*, Paris, Dunod, 2004.
72. De façon relative bien sur et comparative, au regard de la situation antérieure d'une part et de la différence des attitudes vis-à-vis du travail qu'expriment les générations successives.
73. Voir chapitre 2.

sations, en reconstituant, en leur sein de « mini bureaucraties ». Ils font penser aux soldats de la Grande Guerre creusant frénétiquement leurs trous individuels, s'enterrant littéralement pour se protéger ne serait-ce qu'un minimum de la menace extérieure. À leur image, les cadres ont entrepris aujourd'hui une véritable guerre de tranchées, en utilisant toutes les ressources de la topographie organisationnelle. Ce sont là quelques-unes des conséquences des « errements du management ».

Nous avons établi que la forme bureaucratique du travail protège en segmentant et en écartant les situations de dépendance et de confrontation. Cette conception de l'organisation vient de loin – des origines de l'organisation du travail industriel en réalité. Elle est solidement ancrée dans les « cultures », en fait les pratiques, des entreprises. Même si la plupart d'entre elles ont compris *intellectuellement* les failles de ce mode de fonctionnement, en particulier son impact négatif sur les coûts et la qualité, elles ont beaucoup de mal à en tirer des conséquences pratiques. Elles découvrent dans les séminaires les vertus de la transversalité et de la coopération, mais dans leurs actes quotidiens, elles restent fascinées par la segmentation, la clarté, la définition précise et minutieuse des postes et des fonctions. Les dirigeants eux-mêmes hésitent devant l'ampleur du saut à effectuer pour construire des organisations différentes, acceptant le flou, la redondance des fonctions et des responsabilités.

C'est dans cette hésitation que s'engouffrent les cadres qui en sont les principaux témoins et, lorsqu'ils le peuvent, les producteurs. L'exemple des *« process »*, mot-clé du management moderne est éclairant. Il n'est en fait que la traduction contemporaine de ce qui s'est d'abord appelé Taylorisme. Il véhicule la même perception et donc la même pratique du découpage *segmenté* et *séquentiel* du travail, avec, en toile de fond, l'idée que la bonne exécution des parties donnera un tout adéquat. Les premiers spécialistes de la qualité, entre autres, lorsqu'ils ont cherché à implanter les méthodologies venant du Japon, ont largement contribué à ce regain de jouvence de la pensée taylorienne. On a parlé «d'arbres de causes», de «relations clients – fournisseurs internes», toutes choses qui permettent à chacun de travailler à sa propre «amélioration continue», en se dégageant de la responsabilité du résultat final. Du coup, il y a quelque chose de réjouissant à contempler la surenchère à laquelle se livrent les cadres, avec l'aide de tous ceux qui en ont fait commerce, chacun ajoutant sa méthode, toujours nouvelle, bien entendu, mais ayant donné de si bons résultats ailleurs, créant à tout propos un *process* supplémentaire, le tout produisant une complexité non maîtrisée mais de bon aloi dès lors qu'il s'agit de réduire son exposition à la contrainte. C'est en quelque sorte la réponse du berger à la bergère : celui que l'on avait voulu enfermer dans des mécanismes de contrôle si précis ne pouvait que se réfugier dans le *not paid for that*[74] pour justifier sa non-implication, dès qu'un rouage du bel ordonnancement se grippait. Les mécanismes de dilution de la responsabilité peuvent dans ces situations être aussi puissants que dans l'administration publique. Dans une entreprise réputée pour l'importance de ses efforts en matière de qualité totale, nous avons pu observer que la réparation d'une machine demandait un délai de cinq semaines, alors que le temps réel des «gestes physiques» nécessaires n'excédait pas deux heures. Simplement, la réparation rapide des machines était dans cette industrie si cruciale qu'elle faisait l'objet d'un *process* minutieux... qui en allongeait la durée sans que personne n'en soit responsable. Sur cette question triviale de la *panne,* le concept de «résistance passive» prend tout son sens. On se souvient que dans le cas fameux de la manufacture des tabacs étudié par Michel Crozier[75] au début des années 1950, la panne des machines était utilisée comme une *ressource* par une catégorie, qui s'en servait pour asseoir son pouvoir et ainsi protéger son autonomie. Aujourd'hui, dans les systèmes sophistiqués, la panne n'est plus une ressource,

---

74. «Pas payé pour ça». Expression courante chez les cadres.
75. M. Crozier, *le Phénomène bureaucratique, op. cit.*

elle n'est le problème de personne. Mais le résultat n'en est ni meilleur ni pire du point de vue de l'efficacité de l'organisation. Il a en revanche des conséquences dommageables pour la perception du travail ainsi induite chez ceux qui vivent dans ces univers. Car ces pratiques, connues de tous mais jamais dénoncées (et pour cause), favorisent le développement d'un cynisme corrosif pour les organisations. C'est à la fois le monde du « personne ne le dit mais tout le monde le fait » et du « personne n'y croit, mais tout le monde fait comme si ». C'est la raison pour laquelle le monde du management donne parfois l'image d'un théâtre d'ombres, où tout le monde se cache de tout le monde, en externalisant, généralement vers le bas, la pression toujours croissante des échelons supérieurs. Mais c'est en même temps un ajustement transitoire, un pis-aller, insatisfaisants de deux points de vue.

D'abord parce que nombreuses sont les entreprises qui répondent à ce « jeu » par une brutalité croissante, en éloignant toujours plus le travail de ce qu'il est, c'est-à-dire un mécanisme d'intégration sociale. On n'hésite pas à classer ses cadres en *adaptables* et *inadaptables* et à laisser à celui qui est chargé du classement le soin de se classer lui-même, sans la moindre attention à ce que ces pratiques peuvent avoir d'humainement destructeur. On n'hésite pas à « sortir » un cadre défaillant, en comptant sur les lenteurs des juridictions du travail, pourtant censées le protéger, pour lui faire accepter la « transaction ». Et en bout de course, ce cercle vicieux « délinquance – répression » se traduit pour les cadres par un stress qui n'inquiète plus seulement les psychologues.

Ensuite, l'obsession des définitions de fonction toujours plus précises produit des effets identiques sur les stratégies des acteurs. Comme dans le cas des *process*, ce sont les cadres eux-mêmes qui font volontiers pression pour voir leur travail strictement défini et codifié. Dans un premier temps, ce sont les conventions collectives qui s'étaient attaché à établir des hiérarchies entre les postes, au travers de critères restés longtemps simples et compréhensibles. Puis l'exercice s'est « spécialisé » grâce à l'apparition sur le marché de cabinets qui s'en sont fait une spécialité, au point pour l'un d'eux de donner son nom à la méthode même. Dès lors la machine s'est emballée, les critères se sont affinés, des notes ou des points leur ont été accolés dans une sorte d'activisme esthétique.

En arrière-plan de ce processus, pointaient deux nécessités sur lesquelles cadres et directions s'accordaient tacitement. En premier lieu, celle de l'équité qui supposait que ces normes garantiraient une sorte de «à travail égal, salaire égal». Cette question de l'équité a pris dans les entreprises une importance croissante avec la multiplication des fusions/acquisitions, qui nécessitent, pour assurer leur succès, que chacun soit sûr de se voir donner les mêmes chances, quels que soient son entreprise ou son pays d'origine. En second lieu, on a voulu savoir avec toujours plus de précision qui faisait quoi pour s'assurer qu'il n'y avait pas de «doublons» ni de redondances entre les fonctions.

L'utilisation «intelligente» (au sens sociologique du terme) de cette obsession par les acteurs a produit l'inverse des résultats escomptés. D'abord parce que les faits montrent qu'il est rare que l'on puisse travailler dans les termes énoncés dans la définition d'une fonction, surtout si celle-ci est trop précise. Plus elle l'est, moins elle est applicable. Ceux qui les édictent s'en tirent avec un élégant «elles doivent être appliquées avec souplesse et discernement», qui vaut aveu de leur inadaptation. Il est alors facile de s'engouffrer dans la brèche et de l'utiliser pour inverser la relation de dépendance hiérarchique. Car, dès lors qu'on a imposé à quelqu'un une définition stricte de son activité, et qu'il ne peut pas effectivement travailler selon cette définition, il ne reste comme variable d'ajustement que sa plus ou moins bonne volonté. Or la bonne volonté est quelque chose qui se négocie dans les organisations, d'autant plus cher qu'elle est indispensable. C'est bien un mécanisme de «protection» qui se remet en place, très individuel, dans le non-dit du délire procédurier des organisations modernes. Nous avons maintes fois observé ces mécanismes mis en œuvre spontanément par les cadres : on peut les qualifier d'«intelligents» par ce qu'ils traduisent de la capacité de l'acteur à trouver une solution acceptable dans un contexte donné. En même temps, ils rappellent irrésistiblement ceux observés dans l'administration publique, c'est-à-dire dans le *dernier bastion reconnu du taylorisme originel*. Dans l'univers de la fonction publique, le système ne peut fonctionner que parce qu'il est « émietté » en de multiples exceptions concédées par des fonctionnaires parfaitement libres de les accorder ou de les refuser, compte tenu de l'ensemble des contradictions contenues dans les règles qu'ils doivent appliquer. Il est ainsi des cas dans lesquels les cadres ont renvoyé les méthodes modernes de gestion à la case départ.

Ce ne sont pas les seuls effets pervers, ni les seules marges de manœuvre ouvertes aux cadres par les définitions de fonction et plus généralement par cette quête désespérée d'une clarté salvatrice. Ne pas vouloir que deux fonctions se recoupent, souhaiter qu'un seul département, une seule division, une personne unique, soient en charge d'une tâche précise, cela revient à constituer des *monopoles internes*. Ce n'est pas le moindre paradoxe du management moderne, qui combat l'existence de monopoles sur les marchés au motif qu'ils font payer à leur environnement le coût de leur situation de pouvoir, mais qui, sous prétexte de rationalisation de la gestion et de logique organisationnelle, n'a de cesse d'en créer au sein même des entreprises. Ce que l'on avait observé des administrations en situation monopolistique, nous le retrouvons à l'identique pour tous ceux qui, à l'intérieur même de l'organisation, ont su utiliser les règles et les procédures pour se mettre dans la même situation : en termes d'externalités, les résultats sont les mêmes ; en termes de protection au travail, cela permet de souffler un peu.

Ces « jeux intelligents » sont des palliatifs et se révèlent en fin de course « perdant – perdant », tant qu'aucun des acteurs n'accepte de mettre fin aux cercles vicieux dont ils sont constitutifs. En sortir supposerait d'appeler les dirigeants à une double révolution de leurs pratiques à laquelle la majorité d'entre eux ne semblent pas prêts.

Il leur faudrait d'abord faire preuve de plus de discernement et de réalisme dans l'utilisation des « outils de gestion ». Bien sûr, eux-mêmes se « couvrent ». Ils en font leur « assurance – résultat » sans toujours réaliser dans quel pathos intellectuel ils s'enferment, ni même ce qu'ils font subir aux autres pour un résultat bien discutable. Mais il faut être très sûr de soi pour accepter l'idée que les outils ne sont que des outils, et qu'à la fois, on contrôle mieux et on obtient de meilleurs résultats dans le flou que dans l'hyper formalisme.

L'un des corollaires de ce premier point, c'est qu'il faut faire davantage confiance, et pas seulement aux cadres. C'est un sujet délicat non seulement parce qu'il n'est pas dans la tradition des entreprises, du moins françaises, mais parce quand les choses deviennent « dures », le recours à la confiance tend à diminuer. On lui préfère la multiplication des contrôles. Enfin, tous les phéno-mènes que nous avons analysés jusqu'ici ont largement entamé cette confiance, et ce pour les deux parties. Pourtant, les acteurs ont toujours beaucoup plus conscience des contraintes qu'on ne le croit, et ils sont souvent prêts à coopérer aux solutions. Il suffit pour cela qu'on leur laisse les marges de manœuvre nécessaires. Enfin, jouer la confiance permet la sanction, positive ou négative, bien plus sûrement et justement que l'abondance de procédures inapplicables. C'est ce que démontre, en négatif, la situation des cadres du secteur public. La multiplication des règles de gestion des personnels à la fois les prive de tout moyen d'action sur leurs subordonnés, et *en même temps* leur permet d'être, eux-mêmes, pro-tégés contre les conséquences d'une éventuelle défaillance. Mais le jour où leur organisation a besoin d'eux, ils sont absents, ils se sont retirés de toute prise de risque, en conséquence du système de défiance que sont devenus les univers administratifs.

Finalement, l'appel récurrent et insistant au *leadership* peut s'interpréter comme l'aveu implicite que la rationalisation forcé-née de la gestion des différentes catégories, et en particulier de celles qui ont rejoint l'entreprise sur un contrat différent, ne suffit pas à obtenir d'eux qu'ils fassent ce que l'on souhaiterait qu'ils fassent. Cette notion consacre la dualité du monde des cadres, puisqu'elle introduit une distinction entre le leader (inspiré) et le manager (procédurier), en établissant la supériorité du premier sur le second. Mais elle fait du *leadership* une instance à ce point mythique et exceptionnelle, qu'on ne peut guère compter dessus pour sortir des formes sur-organisées du travail.

Le renoncement des entreprises

Nous avons déjà observé le peu d'appétence des entreprises à prendre en charge la transformation et la dureté nouvelle du travail de leurs cadres. Il est vrai qu'il n'en existe quasiment aucune expression collective et que la pression pour faire *autrement* s'en trouve réduite d'autant. Mais avant d'expliquer les différentes raisons de ce mutisme, il faut s'arrêter sur l'exception : les entreprises qui ont perçu le problème et ont considéré qu'il valait mieux s'en occuper.

Elles ont tout d'abord accepté et « organisé » le flou de leurs structures et de leurs modes de fonctionnement[76]. Certaines d'entre elles sont allées jusqu'à prohiber les organigrammes et les définitions de fonction pour se prémunir contre les monopoles internes. Elles se sont ainsi donné sur leur marché un véritable « avantage compétitif », qui comme l'avait anticipé Rosabeth Moss Kanter, tient bien davantage à leur type d'organisation qu'au caractère exceptionnel de leurs produits[77]. Cela les a conduit à mettre en place, pour accueillir leurs nouveaux cadres entrants, des modalités d'acculturation qui vont de l'explicitation de ce mode de fonctionnement et de ses avantages supposés jusqu'au refus affirmé de

---

76. Pour un témoignage engagé en faveur de ce type d'organisation, on peut lire F. Dalle, *l'Aventure L'Oréal*, Paris, Odile Jacob, 2001.

77. R. Moss Kanter, *When giants learn to dance*, New York, Touchstone, 1989.

définir clairement leurs tâches. C'est ce qui explique un «turnover» de débutants relativement important.

Dans ces organisations, la décision est négociée et partagée, et le problème de «l'orientation client» ne se pose pas, dans la mesure où c'est la connaissance du marché qui permet de l'emporter. En revanche, cela nécessite une instance d'arbitrage à laquelle les acteurs n'ont que très peu intérêt à faire appel, car l'intégration par un tiers a un coût. Celui-ci peut se traduire par exemple par la fixation d'objectifs plus élevés que prévus. De même, pour que ce système fonctionne, il faut des sanctions qui évitent qu'un des protagonistes ne fasse artificiellement monter les enchères : on peut gagner face à n'importe quel niveau hiérarchique, mais ce que l'on a fait ou promis pour y parvenir engage sérieusement.

On se trouve alors plongé dans un fonctionnement quotidien à l'opposé de celui des «routines défensives bureaucratiques» chères à Chris Argyris[78]. Les relations sont dures, parfois brutales, marquées par la «confrontation» permanente. Il en résulte des phénomènes d'épuisement physique et moral plus ou moins rapides, qui sont une des conséquences inéluctables de la pression du client et de l'actionnaire. Mais ce qui fait la différence, c'est que ces entreprises le savent, le reconnaissent et le gèrent. Par une gestion très individualisée des parcours qui n'a rien à voir avec les «plans de carrière» traditionnels, ces entreprises n'hésitent pas à retirer du circuit ceux qu'elles jugent parvenus au bout de ce qu'ils pouvaient faire là où ils se trouvent, quitte à leur donner le temps nécessaire pour se ressourcer avant être remis dans le circuit[79].

C'est un cas frappant d'anticipation des nécessités liées à la concurrence exacerbée sur les marchés. Non seulement les conséquences en sont tirées en termes d'organisation, mais aussi dans la gestion des effets sur les individus. Les cadres y sont peu ou pas

---

78. C. Argyris, *Savoir pour agir…*, *op. cit.*

79. On y parle d'ailleurs ouvertement des «placards» sans que ce mot ait une connotation particulièrement péjorative.

protégés des logiques d'affrontements des intérêts qui servent de moteur au succès, mais ils le sont à la fois face aux aléas de la vie (pratique paternaliste) et face aux conséquences de leur surexposition. C'est un fonctionnement rare, en tout cas peu cartésien et peu conforme aux modèles qui inspirent les grands principes admis du management moderne que l'on enseigne dans les bonnes *business schools*. Cela devrait d'ailleurs inquiéter ces dernières. Cette exception démontre qu'il n'y a pas de fatalité à ce que la dégradation du travail soit subie. D'une certaine façon, on peut la reconnaître et la gérer sans pour cela devenir le repoussoir honni de la mondialisation.

Et pourtant ces entreprises restent clairement l'exception. Partout ailleurs, on observe le décalage habituel entre des études scientifiques qui ont identifié et décrit le phénomène, et le monde du travail qui ne s'en est pas encore emparé. Il y a deux raisons à cela. La plus évidente tient à la crainte largement partagée qu'en ouvrant le débat sur la question, on n'en maîtrise pas les suites. Ainsi, en France, les entreprises ont pris acte qu'en ce début de siècle, la CFDT était devenue le premier syndicat de l'encadrement devant l'organisation catégorielle jusqu'ici dominante, la CGC-CFE. Cela n'a pas suscité d'inquiétude particulière sur une éventuelle radicalisation des cadres. Tout le monde a compris le sens de cette affiliation majoritaire à une confédération à vocation généraliste : les cadres se vivent et veulent être défendus de plus en plus comme des salariés comme les autres. Cela bouscule les représentations d'une population réputée individualiste. Mieux : cela accroît encore le fossé entre la façon dont les cadres vivent leur situation et la manière dont les entreprises les gèrent. Ils ont compris que, dans le grand chambardement de la mondialisation, leur individualisme originel n'était plus de saison et qu'il constituait même un facteur de vulnérabilité supplémentaire. Les entreprises, au contraire, tentent de « compenser » cette tendance et de faire face à leurs propres nécessités en accroissant l'individualisation des modes de gestion de cette catégorie. Du coup, quand certains cadres expriment une souffrance, elles y voient davantage le signe d'une pathologie personnelle que les conséquences d'un nouveau mode de fonctionnement, pourtant devenu dominant. Et elles le gèrent comme tel, y compris en faisant appel à de nouvelles modes managériales dont le développement rapide du *coaching* est un exemple.

Plus globalement, il semble que les entreprises n'ont pas compris le problème et qu'elles n'en saisissent pas l'ampleur. N'oublions pas que c'est la transformation des organisations qui est à l'origine de ces désordres du travail. Celle-ci a été plutôt subie que pensée, planifiée ou accompagnée. Tout le monde, dirigeants compris, y a résisté en réinventant derrière les discours modernistes et volontaristes, les formes les plus triviales de la bureaucratie taylorienne. Peu nombreux sont ceux qui ont une vision « systémique » des évolutions en cours : les « élites des élites » ne sont pas formées à raisonner comme cela. Le raisonnement dominant chez les dirigeants continue encore et toujours à décomposer la question en deux volets : *d'un côté*, les structures, que l'on persiste à confondre avec les organisations réelles, et, *de l'autre* le récurrent mal-être des cadres dont on parle depuis des années. Vu sous cet angle, il n'y a pas grand-chose de nouveau sous le soleil du management.

Certains faits très concrets auraient pourtant pu donner l'alerte. Ainsi, les plans de carrière ont disparu des pratiques des entreprises, alors même qu'ils constituaient un rouage essentiel du contrat implicite qu'elles passaient autrefois avec leurs cadres. Ce sont ces plans de carrière qui leur donnaient une certaine maîtrise de leur avenir, si précieuse quand, après avoir fait de « bonnes études », on trouvait une « bonne situation » et que l'on fondait une famille.

Aujourd'hui, ces plans n'existent plus. Ils ont été remplacés par une forme nouvelle de précarité interne, de gestion au coup par coup, à laquelle les cadres répondent de plus en plus souvent négativement, au grand étonnement des dirigeants. Ils sont ainsi nombreux à refuser des affectations qu'ils considèrent comme contraires à la préservation de leur équilibre familial[80]. C'est bien que la notion même de « contrat implicite » est devenue étrangère aux entreprises À celui-ci se substitue. le contrat tout court. Les dirigeants se laissent ainsi enfermer dans des modèles venus d'ailleurs et qui y retourneront, dans des « rhétoriques de la nécessité » qui les empêchent pour le moment d'affronter ce qui pourrait être un de leurs problèmes majeurs dans la prochaine décennie.

Quelques pistes
pour ne pas en rester là

Continuer à faire croire que les cadres, parce qu'ils sont cadres, comprennent et défendent naturellement les intérêts de l'entreprise, au besoin contre leurs propres intérêts, est au mieux une approximation, au pire une supercherie intellectuelle. La réalité, c'est que le contrat ne peut plus être le même. Les nouvelles organisations qui sont à l'origine de la détérioration du travail des cadres ne sont pas une « option » parmi d'autres pour les entreprises, mais plus souvent la condition *sine qua non* de leur survie économique dans le contexte de la mondialisation. Le choix le plus fréquent est cruel : ou bien accepter de changer les façons de travailler, ou bien disparaître. L'accélération du taux de mortalité des grandes entreprises le démontre, la volatilité des dirigeants également. Il faut répéter encore et toujours, que la seule différence entre les destins d'Air France et de la Pan Am a résidé dans la générosité du contribuable français qui a accepté de financer l'immobilisme de la compagnie nationale. On peut essayer de se consoler en observant que certains redonnent enfin la priorité à la croissance

---

80. Cette remarque invite à sortir d'une vision étroite de la précarité, qui, d'une part, ne concernerait que les catégories considérées comme fragiles, ce qui exclurait par définition les cadres, et d'autre part, désignerait une situation par rapport au marché du travail général. La précarité peut être interne, concerner tous les groupes sociaux, même si, bien sûr, les conséquences matérielles seront différentes pour les uns et pour les autres.

plutôt qu'à la réduction des coûts, mais cela risque de ne pas changer fondamentalement la donne du point de vue des exigences de la concurrence.

Ceci implique qu'au-delà des « jeux » par lesquels les cadres se reconstituent de « mini-bureaucraties locales », on ne pourra bientôt plus se protéger par les formes bureaucratiques du travail. Or, elles ne représentaient après tout qu'une forme de protection « statique », défensive. Leur disparition peut permettre d'en inventer d'autres, plus dynamiques et mieux adaptées à la réalité économique contemporaine.

Dans cette perspective, trois axes de réflexion peuvent être proposés pour promouvoir une gestion plus ouverte de la place des cadres dans l'entreprise. Le premier est celui de la déspécialisation ; le second, lié au précédent, porte sur l'apprentissage permanent ; le troisième interroge les parcours par opposition aux « plans de carrière » de la période précédente.

La question de la spécialisation est centrale. Elle est à la fois la plus porteuse de menaces pour les cadres et en même temps celle qui nécessite le plus d'imagination pour parvenir à poser le problème « autrement ». Les nouvelles formes d'organisation infléchissent le contenu du travail des cadres, en le faisant passer d'une responsabilité d'encadrement, d'animation, basée sur une relation hiérarchique traditionnelle, à une fonction d'expert qui nécessite moins de relations verticales et davantage de coopérations horizontales. Même si ces dernières sont très exigeantes et très contraignantes, en première lecture, c'est une évolution qui peut paraître favorable pour les cadres. L'expertise les place dans une position proche de celles des professions libérales et leur permet d'apporter une forte valeur ajoutée, tout en inversant en leur faveur la relation de dépendance. Pourtant, on perçoit rapidement le danger et la limite : d'une part, dans un monde où les technologies (y compris les savoir-faire immatériels) évoluent très rapidement, les expertises deviennent obsolètes à la même vitesse, à l'image des modes managériales elles-mêmes. Dans les années 1980, la consommation des

« experts du Japon » a été frénétique. Ils furent nombreux à se convertir, à faire le voyage et à en rapporter des constats et des préconisations toujours plus sophistiquées. Puis, le Japon est devenu moins performant, le mirage s'est estompé et le discours des experts d'hier n'a plus rencontré le même écho chez les « chasseurs de modèles ». Il en va de même pour les « métiers » spécialisés, toujours à la merci d'une avancée qui les rendrait moins pertinents et finalement les sortirait du jeu. Ces phénomènes de « frénésie d'expertise » qui se produisent en particulier sur un marché du travail dégradé, conduisent souvent les nouveaux entrants à se précipiter vers ces activités à succès, déséquilibrant rapidement l'offre par rapport à la demande. Ce fut le cas, dans les années 1990, avec les métiers liés au développement rapide de l'informatique. Dans la décennie précédente, la demande avait été considérable, créant un phénomène de « tornade » qui s'est progressivement résorbé. Le chômage des spécialistes en la matière s'est substitué aux sur-salaires qui leur avaient été offerts dans la période précédente, laissant une bonne partie d'entre eux dans un profond désarroi.

Reste que les entreprises ont besoin de ces spécialistes, même de façon « temporaire ». Il faut donc concilier la satisfaction de ce besoin avec la demande de protection minimum qu'expriment les « spécialistes ». La solution réside sans doute dans le *contenu des emplois*. Ceux-ci sont, la plupart du temps, définis à partir de la vision séquentielle et segmentée traditionnelle, celle de la logique formelle, qui veut que l'on mette quelqu'un quelque part parce qu'il y a une tâche à accomplir. On peut sans doute penser différemment : c'est le cas lorsqu'on confie à des cadres supérieurs à la fois une responsabilité opérationnelle (la direction d'une branche ou d'un pays, par exemple) et un domaine fonctionnel (l'innovation, voire la gestion des ressources humaines). Le problème, c'est que cette approche différente et *dé-spécialisante*, lorsqu'elle existe, est pour le moment réservée aux niveaux les plus élevés de la hiérarchie, ceux dont on pense qu'ils ont la capacité d'intégrer deux logiques à la fois. Mais, il n'y a aucun obstacle de principe (il n'y aurait même que des avantages) à étendre cette pratique de *polyvalence* à l'ensemble des cadres, y compris et surtout aux plus experts d'entre eux. C'est une nouvelle façon de penser qu'il s'agit d'adopter. Cela suppose que chaque fois qu'un expert est recruté, promu, muté, sa nouvelle affectation soit *multidimensionnelle*, croisant son domaine d'expertise et une ou plusieurs autres responsabilités, qui n'ont rien à voir avec celui-ci. Il s'agit de « déstructurer » l'emploi traditionnel pour le restructurer autour de cette volonté de n'enfermer personne dans un champ trop étroitement limité.

Un raisonnement identique peut être conduit à propos des parcours professionnels. Si les « plans de carrière » traditionnels ont été abandonnés, c'est qu'ils devenaient trop contraignants par rapport aux exigences de « souplesse » et de « flexibilité » des entreprises d'aujourd'hui. Une lecture plus sociologique permet de comprendre pourquoi : ces parcours étaient par nature *verticaux*, assurant à ceux qui en bénéficiaient une progression plus ou moins régulière dans la hiérarchie de l'organisation. L'entreprise s'engageait à promouvoir *son* cadre, souvent quels que soient les résultats réels obtenus par celui-ci. L'effet induit a été de conduire à une organisation du travail endogène, à nouveau fruit de la pensée bureaucratique. Car, peu à peu et de façon inéluctable, ceux qui avaient en charge la gestion des plans de carrière ont raisonné à partir des exigences nées de leur mise en place, c'est-à-dire de celle des individus et non de celle des organisations. Lorsque l'écart entre les deux est devenu insupportable, ils ont disparu.

Par opposition, comment peut-on concevoir des parcours qui ne fixent ni ne figent la destinée des individus des années à l'avance, mais qui permettent de concilier l'adaptabilité nécessaire aux entreprises et la *re-protection* des individus par l'apprentissage permanent ? Cela semble possible à deux conditions.

La première est déjà largement engagée, sauf dans les univers administratifs. Elle suppose que l'on sorte *effectivement* de l'idée qu'une carrière réussie est nécessairement verticale, ce qui est une vraie révolution pratique et intellectuelle. Ceci exige de remettre en question l'ensemble des mécanismes qui sont venus conforter et concrétiser la logique de verticalité, ceux de la rémunération, et plus généralement de tous les avantages matériels liés à la montée dans les lignes hiérarchiques. Un PDG s'étonne toujours avec coquetterie que telle ou telle catégorie de personnels de son entreprise ait une rémunération supérieure à la sienne. C'est normal : il est au sommet de la hiérarchie, il pense donc que le bon sens voudrait qu'il soit aussi au sommet de l'échelle des rémunérations. Quelques catégories sont en effet venues troubler ce bel ordonnancement : les pilotes dans l'aérien ou les *brokers* dans les banques. Mais il reste encore beaucoup à changer pour que les carrières « horizontales » obtiennent la même reconnaissance que les parcours verticaux réussis. Cela appelle sans doute une revue critique de l'ensemble des « leviers » qui constituent l'arsenal de la gestion des ressources humaines.

La deuxième condition de succès est que ces parcours soient « négociés » et non imposés, ou, en d'autres termes, que les besoins à court terme de l'entreprise cessent d'être à ce point hégémoniques dans tous les mécanismes de prise de décision, y compris et surtout ceux qui fixent la destinée des cadres. Cela ne se fera pas spontanément tant la pression du court terme qui s'exerce sur les dirigeants va croissant. Il ne suffira pas non plus d'élaborer de nouvelles règles ni même de les appliquer pour que les choses se passent différemment. Un responsable des Ressources Humaines d'une grande entreprise réputée pour la gestion « humaniste » de ses personnels, faisait remarquer qu'il avait changé drastiquement les règles régissant le fonctionnement de son « comité des carrières », censé faire sortir du lot les éléments ayant le plus d'avenir et ce quels que soient leur nationalité et leur pays d'origine. Pourtant les résultats obtenus étaient toujours aussi décevants au regard des buts fixés. Il faut donc envisager d'autres modalités et en particulier reconnaître effectivement à chacun le droit, lorsqu'un poste lui est proposé, de poser la question de ce qu'il va y apprendre (logique de négociation).

Ceci ne peut se faire qu'en évaluant les résultats des politiques de gestion des ressources humaines et donc ceux qui les élaborent et les mettent en œuvre, non seulement sur leur cohérence par rapport aux besoins de l'entreprise, mais aussi par rapport à l'apprentissage effectif qu'elles ont rendu possible pour ceux dont elles ont la charge. C'est comme cela que pourront se « reconfigurer sans tarder les systèmes sociaux pour que chacun soit individuellement en mesure d'affronter le besoin de mobilité[81] ». Mais il s'agit ici de créer les conditions d'une « mobilité apprenante » qui ne peut pas se réduire à une flexibilité inconditionnelle et subie.

D'autres domaines de la gestion des cadres peuvent être réexaminés à cette aune, ceux de la formation initiale et de la formation permanente, par exemple. L'orientation est toujours la même : elle consiste à substituer une logique dynamique de l'apprentissage à la logique statique de la protection bureaucratique et de la défense des prés carrés. C'est ce qui permettra de concrétiser le concept déjà ancien « d'employabilité » : puisque les entreprises ne peuvent plus garantir aux intéressés que leurs salariés d'aujourd'hui seront ceux de demain, elles doivent s'imposer une « obligation évaluée » de donner à ceux qui sont chez elles pour le moment, les meilleures possibilités d'affronter le marché interne ou externe du travail. Cela ne résout pas le problème de la confrontation et de la dépendance. Mais cela redonne aux cadres une part d'*autonomie*, en renforçant leur capacité à maîtriser leur destin professionnel. C'est une façon de redéfinir de façon explicite ce fameux « contrat implicite », de réduire la vulnérabilité de cette population sur un marché du travail toujours plus versatile dans les compétences qu'il exige. Cela permettrait finalement aux entreprises et aux cadres de cesser de s'éviter dans un jeu à somme nulle, et de reconstruire une relation adulte, dans laquelle aucun ne sacrifiera ses intérêts essentiels à ceux de l'autre.

---

81. E. Le Boucher, « Le capitalisme mourra-t-il de la baisse tendancielle du taux de motivation ? », art. cité.

Conclusion

« Le mot *travail* s'applique simultanément à ceux pour lesquels il est épuisant, fastidieux, désagréable, et à ceux qui y prennent manifestement plaisir et n'y voient aucune contrainte [...]. User du même mot pour les deux situations est déjà un signe évident de l'escroquerie[82] ».

La grande masse des cadres entre bien aujourd'hui dans la catégorie de ceux pour lesquels le travail est une douleur avant d'être un honneur. Pourtant, au sortir de la guerre, c'est à l'autre catégorie qu'on les associait et qu'ils se destinaient eux-mêmes, celle du travail intéressant, valorisant et surinvesti. Que s'est-il passé ? Ils se sont à la fois massifiés et banalisés. Et ils ressentent plus douloureusement que d'autres la transformation des organisations où la recherche de coopération a sonné le glas de leur autonomie. La révolution des conditions *du* travail les a peu à peu dépouillés de leur légendaire individualisme et ils sont progressivement rentrés dans le rang du salariat ordinaire.

L'individualisation croissante de leur traitement dans les entreprises ne change rien à l'affaire, au contraire : ce « salariat de

---

82. J. K. Galbraith, *les Mensonges de l'économie*, Paris, Grasset, 2004. Cité par *Libération* du 30 décembre 2004.

confiance » se voit désormais pris dans une « gestion individuelle de masse ». Les *mécanismes d'évaluation des résultats individuels* les placent entre le marteau de la responsabilité personnelle et l'enclume de systèmes abstraits qui ignorent leurs situations particulières. La pression qui en résulte ne leur laisse que peu de raisons d'appréhender positivement leur travail et de continuer à s'y investir comme par le passé. Cette massification et cette pression sont en grande partie l'effet de la « victoire du client », un client qui veut être traité, lui, avec les égards dus à un être unique.

On objectera que tout ceci fait l'impasse sur une hypothèse : et si les cadres étaient tout simplement en train de disparaître ? Voici en effet un échelon de l'organisation, qui fut créé pour assumer des tâches – circulation de l'information, prise de responsabilités au plus près du terrain… – qui peuvent l'être autrement aujourd'hui, notamment grâce aux technologies modernes. Ce ne serait pas le premier « métier », la première « fonction », à s'éteindre parce que le monde change, y compris, dans ce cas, la façon d'informer et de commander les autres. Chaque fois qu'un tel phénomène se produit, les générations de « transition » souffrent. Les paysans, les mineurs comme les sidérurgistes ou ces femmes qui, depuis trente ans, emballaient des biscuits, ont en leur temps recueilli la sympathie et le soutien de leurs compatriotes, qui par ailleurs cessaient progressivement de consommer leurs produits, du moins au prix auquel ils étaient proposés. À chaque fois, la question qui s'est posée, une fois l'émotion passée, fut celle de la non-anticipation et par conséquent de la non-gestion de ces situations dramatiques.

Si les cadres vivent quelque chose d'analogue aujourd'hui, s'il est vrai qu'un certain nombre d'entreprises pourraient sans dommage fonctionner sans management – même si ce n'est pas dicible pour le moment –, il ne reste plus qu'à attendre que le temps ait fait son œuvre, en acceptant au passage quelques dégâts collatéraux. Mais, une fois la rupture consommée, lorsqu'il ne restera plus que, d'un côté, des experts dont la gestion aura été robotisée, et de l'autre, des «cadres sups» survitaminés aux *stock-options*, aux bonus et aux plans de retraite en béton, alors les choses rentreront dans l'ordre. Un nouvel agencement social aura émergé, cohérent avec le nouvel ordre économique, et les frustrations exacerbées se seront évaporées.

Le problème, c'est que les générations que nous voyons souffrir ne sont probablement pas prêtes à se sacrifier pour la construction de ce nouvel ordre économique, dont par ailleurs rien ne prouve qu'il sera radieux. Or, le capitalisme ne dispose d'aucun Staline pour imposer ce «sacrifice générationnel»: il n'a que le client et l'actionnaire, groupes diffus et non constitués.

Il sera ainsi dans l'obligation de traiter la question présente. Et ce, qu'il s'agisse d'une simple recomposition nécessitant des ajustements finalement conjoncturels, ou d'un avatar non maîtrisé de l'histoire économique. Non seulement parce que tout le monde peut s'accorder sur l'idée que laisser aller la souffrance lorsqu'existent des moyens d'y remédier est inadmissible, mais plus prosaïquement parce que ce délitement de la relation entre les cadres et les entreprises a un coût pour ces dernières.

C'est pourquoi nous avons proposé une redéfinition *explicite* et adulte de cette relation, ainsi que la réintroduction d'une dimension qualitative dans les processus de gestion des cadres. Après tout, les spécialistes conviennent que la «gestion des ressources humaines» est un élément clé pour orienter le fonctionnement des organisations dans le sens du client. Elle peut l'être aussi pour rendre cette révolution supportable aux personnels et aux cadres en particulier. La crainte, à nouveau, c'est que les entreprises aient autant de mal à saisir et à traduire en actes cette deuxième dimension (la nécessité d'une régulation), qu'elles n'en ont encore à saisir la première (la nécessité d'une connaissance qualitative). Si tel est le cas, elles risquent d'apprendre à leurs dépens une règle maintes fois validée dans l'histoire des sociétés, qui veut que les élites d'hier ne se laissent pas détrôner sans mot dire.

Table
des matières

Fabrication
Transfaire, 04250 Turriers, ☎ 04 92 55 18 14
Impression Corlet à Condé-sur-Noireau
Dépôt légal : février 2006 - N° 79584-8 (146567)
Imprimé en France